KB149503

개떡같이 말하면 개떡같이 알아듣습니다..

그렇게 말해도 이해할 줄 알았어
개떡같이 말하면 개떡같이 알아듣습니다

지은이 | 김윤정
발행처 | 도서출판 평단
발행인 | 최석두

등록번호 | 제2015-000132호
등록연월일 | 1988년 7월 6일

초판 1쇄 발행 | 2019년 10월 10일
초판 2쇄 발행 | 2019년 11월 12일

우편번호 | 10594
주소 | 경기도 고양시 덕양구 통일로 140(동산동 376)
　　　삼송테크노밸리 A동 351호
전화번호 | (02)325-8144(代)
팩스번호 | (02)325-8143
이메일 | pyongdan@daum.net

ISBN | 978-89-7343-521-0　13190

이 도서의 국립중앙도서관 출판시 도서목록(CIP)은 서지정보유통지원시스템 홈페이지(http://seoji.nl.go.kr)와
국가자료 공동목록시스템(http://www.nl.go.kr/kolisnet)에서 이용하실 수 있습니다.
(CIP제어번호 : CIP2019035576)

개떡같이 말하면
개떡같이 알아듣습니다..

그렇게 말해도 이해할 줄 알았어!

· 김윤정 지음 ·

평단

누군가에게는 인생 사용설명서 첫 장이 될 책

이 책을 읽으며 다시 한번 인생 사용설명서가 있다면 얼마나 좋을까? 진지하게 생각해보았습니다. 50세가 넘은 이 시점에도 그런 설명서가 있다면 나는 잠깐 걸음을 멈추고 그 설명서를 처음부터 자세히 읽어보고 나의 인생을 이어가고 싶습니다.

우리 인생의 사용 방법은 우리를 설계한 설계자에게 물어봐야 할 것 같습니다. 왜냐하면 우리를 설계한 분이 가장 잘 알고 있을 테니까요. 물론, 그 설계자를 만나는 것도 그리 쉽지만은 않은 것 같습니다. 인본주의가 아니라 신본주의로 가야 하는데 요즘 사람들은 도대체 신을 믿으려 하지 않은 걸 보면요.

무면허 운전자가 차를 몰고 가듯 우리는 어쩌면 각자의 인생을 무면허로 살아가고 있는지도 모릅니다. 특히나 사랑이라는 이름으로 함부로 말하고 자신만의 의미를 담긴 말을 필터링 없이 마구 던지고 상대방이 이해해주길 바라는….

아픔을 겪지 않고 인생의 지혜를 터득할 수 있다면 가장 좋지만 우리는 '아픈 만큼 성숙해진다'는 말을 신봉하는 사람들처럼 아픔을 지나서야 성숙해지곤 합니다. 그마저도 성숙해지면 성공한 것이고 아픔 후에 또 다른 시련들로 넘어져 버리는 경우가 허다합니다.

몇 해 전 대학원에서 상담학 공부를 위해 논문을 검색하면서 알게 된 사실이 있는데 완벽한 인간으로 살기 위한 연구들이 엄청나게 많다는 것입니다. 완전한 인간을 교육할 수 있는 연구 또한 엄청나게 많더군요. 실제로 그런 이론들을 완전히 적용하지 못한다 하더라도 자기 인생에 대한 자각을 경험하게 된다면 사람마다 차이는 있겠지만 미궁 속에 빠졌던 인생의 질문들이 하나둘씩 풀릴 수도 있습니다. 인문학에 열광하는 이유가 여기에 있다고 생각합니다. '아!'라는 순간의 자각이 자기 성찰로 이어지는 연결고리가 되어 무면허로 브레이크 없이 달리던 인생을 성찰에 이르게 할 수 있습니다.

제가 아는 저자 김윤정은 공부 잘하고 똑똑한 그런 사람입니다. 제 친동생이기도 한 저자는 한때 사랑에 목숨 거는 무면허가 분명한 사람이었습니다. 오랜 시간 공부하고 연구해 인생 사용설명서의 첫 장을 만들려고 이 책을 쓴 것 같습니다. 이 책을 읽으며 인생에 대해서 다 알게 되는 것은 아니겠지만, 누군가는 이 책을 통해 거미줄처럼 엮여있는 관계 속에서 자기를 지키며 살아갈 수 있는 '아!'라는 순간의 자각이 일어날 것으로 확신합니다. 제가 몇 년 전에 경험했던 '아!'라는 순간의 자각을 독자 여러분도 꼭 하실 거라 믿습니다.

김원철, 前 MBC TV '러브하우스' 건축가
2019년 9월, 콩고민주공화국 킨샤샤에서

남자들의 마음을 여자들에게, 여자들의 마음을 남자들에게
통역해주는 '공감통역사'

    한 라디오 청취자분께서 "언제나 정곡을 찌르는 윤정 쌤 최고예
요. 어쩌면 그렇게 남자 맘을 잘 아세요. 때로 윤정 쌤은 전생에 남
자가 아니었나 싶습니다"라는 문자를 보내주셨다. 남자 마음을 잘
안다고? 내가? 내가 남자를 좋아하긴 하지만. 하하하!

    오늘 아침에도 우리 아들은 "내가 말을 그렇게 못하는 거냐. 엄마
가 말을 못 알아듣는 거냐"라고 답답한 마음을 토로하며 수학여행
을 떠났다. 남자의 마음을 정말이지 잘 알고 싶은 건 사실 나다. 이
해하고 싶고 알고 싶은 남자 마음. 으뜸 중에 으뜸은 우리 아들들의
마음이다. 나도 평범한 엄마니까.

    도무지 표현하지 않고 물어도 대답 없는 사춘기 아들들과 살면서
조용한 분위기에 익숙해져서 그런지 몰라도, 가끔 딸들이 있는 가족
들을 만나면 그 수다(?)스러움에 깜짝깜짝 놀라곤 한다. 한편으로
는 다양한 표현들 속에 산다는 건 또 다른 신선함이라고 느끼면서
말이다. 그렇다면 표현이 많은 딸들과 살면 여자들끼리는 소통이 잘
될까? 아마 그랬다면 딸 가진 우리 엄마, 아니 여자인 우리 엄마의

말을 나는 잘 이해했어야 하지 않았을까?

"냉장고에 넣어놨다. 바쁘다고 그냥 뒤서 버리지 말고 잘 챙겨먹어라"라는 엄마의 말이 '엄마는 너를 사랑한다'는 말로 들린 건 내 나이 40이 훌쩍 넘은 어느 날이었다. 우리 엄마의 잔소리에는 가끔 욕이 섞이기도 했고, 가끔은 나에 대한 지적과 평가가 섞여있어서 나를 사랑한다는 소리인지, 아니면 '넌 참 모자란 아이다'라고 나무라는 건지 구분하기가 힘들었다. 남자건 여자건 내 마음도 상대 마음도 제대로 표현하지 않으면 그 속을 도무지 알 수가 없는 게 사람이다. 사실 내가 내 마음도 잘 몰라서 내가 원하는 것을 표현하는 것이 힘들었는데 다른 사람의 마음을 어떻게 알겠는가? 안다고 생각하는 것 자체가 너무나도 위험한 발상이다.

나는 나를 소개할 때 "상담사 김윤정입니다"가 아니라 "공감통역사 김윤정입니다"라고 말한다. 사실, 나는 고등학교 때 동시통역사가 되고 싶었다. 별거 아닌 이유로 영어를 포기한 학생의 꿈 치고는 야무진 꿈이었다. TV에서 걸프전을 생생하게 전해주던 동시통역사들의 모습이 너무 멋있어서 꼭 저런 일을 하고 싶다고 마음먹었던 때가 있었다. 그러나 형편없는 영어 점수 때문에 괜찮은 학교의 영어 관련 학과는 갈 수 없었고, 고심 끝에 영어는 대학 가서 공부하기로 하고 통역사가 되기 위해 필요한 정치, 경제, 사회, 문화, 국제정치 등을 공부할 수 있는 학과다 싶어 정치외교학과에 입학했다.

내 적성과 흥미에 대한 정보가 하나도 없는 상태에서 정한 진로와

전공은 20대의 나를 방황의 길로 인도했다. 어쩌면 그때 내게는 상담선생님이 필요했는지도 모른다. 갈등 많은 가족관계에서 힘들었던 시간을 오랜 기간 일로 풀어내려 애썼고, 친구 관계와 연애 관계에서도 원인 모를 어려움을 많이 겪었다.

그러나 나는 상담받는 대신 전공을 바꿔 아동상담을 전공하기로 했다. 대학원을 졸업하고도 또 몇 년을 방황하다가 서른 살이 되면서 우리 오빠의 표현대로 '무면허 운전'을 감행하듯 결혼이란 걸 해버렸다. 상담실에서, 라디오 사연 속에서 자주 만나는 '아무 준비 없이 결혼한 사람들'과 똑같은 모습으로. 지금 생각해보면 너무나 무지했고 가장 최악의 결정을 내렸던 서른 살의 나를 용서하기까지 오랜 시간이 걸렸다.

전쟁 같았던 결혼생활을 유지하고 싶어서 상담과 비폭력대화를 배웠다. 그렇게 해서라도 다른 사람, 특히 함께 사는 남자의 마음을 이해하고 싶었던 것은 나 역시 불통의 답답함으로 매일 전쟁을 치렀기 때문이다. 내가 인생에서 가장 힘겨운 불통의 전쟁을 치르던 시기에 아이러니하게도 내가 만났던 많은 내담자분들, 프로그램 참여자분들은 80% 이상이 남성분들이었다.

1년 가까이 상담을 진행하면서 접했던 YTN 라디오 청취자분들도, 수강 명령을 받고 보호관찰소에 오셨던 비자발적 참여자분들도, 이런 저런 부모교육에서 만났던 분들도 여성보다는 남성이 많았다. 나는 그 속에서 살아남아야 했기에 늘 그 남자들의 이야기를 들는 척했다. 아니 열심히 들었다.

여자들의 흔한 대화의 문법이 있다. "내가 척 보면 다 알지" "말하지 않아도 알아. 그러니까 너도 내가 말하지 않아도 알아줘야 하는 거 아니니? 그래야 사람인 거지…." 내가 그런 무소불위의 틀을 내려놓고 열심히 듣기 시작하자(사실 살기 위해 그랬다) 한 분 한 분의 말들이 신기하게도 내 마음을 울리기 시작했다.

내가 남자들의 마음을 여자들에게, 여자들의 마음을 남자들에게 '통역'한다고 하지만 사실 그것은 내게 마음을 열고 자신의 마음을 솔직히 표현해주신 내담자와 참여자분들 덕분이다. 그러니까 내가 남자들의 마음을 잘 아는 것은 남자들의 표현을 잘 듣고 배우고 외워서 전달해서 그런 것이다. 내가 한 일이라면 단지 사람들이 자기 마음을 잘 표현할 수 있도록 상황과 조건을 마련해준 것이 전부였다. 나는 그저 귀를 기울여 눈으로 오감을 동원해서 잘 들어서 기억했을 뿐이다.

사람들은 자신의 마음을 잘 안다. 그러나 마음이 다칠까 봐 이렇게 저렇게 돌려 말한다. '내가 이렇게 말해도 잘 알아줬으면' 하는 바람을 가진 채로. 나 역시 그랬다. 말하지 않아도 알아줬으면 하는 기대를 안고 나 나름의 포석을 여럿 깔아두면 상대가 제대로 이해할 줄 알았다. 그런 시간이 무척 길었다. 그래서 오해가 많았고 다툼이 길어졌고 관계가 깨어졌다.

이 책은 이런 저런 경로로 나에게 상담을 의뢰한 분들에게 내가 차마 이야기하지 못했던 조금은 아픈 이야기들을 묶어서 정리한 것이다. 사람들을 직접 만나서는 대체로 공감하는 말을 많이 하고 그분들의 이야기를 좀 더 많이 듣는다. 그리고 스스로 방향을 찾아갈 수 있도록 가이드를 해주는 편이다. 방송에서는 비교적 직접적인 피드백을 많이 주었지만 그럼에도 불구하고 듣는 사람의 마음을 헤아려 조심했던 부분이 더 많았다. 그러나 이 책은 그렇게 쓰지 않았다. 조금 아프더라도 자신을 돌아보고 성장하기 위해 필요한 것들을 어금니를 굳게 악물고 적어 내려갔다.

본문에 적은 이야기들은 사실 30대였던 나에게 들려주는 말이기도 하다. 또 아무 준비 없이 감행했던 결혼생활과 여전히 준비 없이 시작된 연년생 두 아들의 육아, 그리고 꿈을 위해 멈추지 않았던 30대의 무모했던 나, 그 고통 속에서 내가 부수적으로 얻게 된 전문가라는 이름이 온전히 하나로 통합되기를 바라는 다짐이자 앞으로 10년여 후의 내 아이들에 대한 당부의 말이기도 하다.

나와 같은 어려움을 겪는 분들이 잠깐 멈춰 서서 한숨 돌리며 앞으로 살아갈 방향을 보는 데 이 책이 도움이 되었으면 한다. 인생의 길은 하나만 있지 않고 여러 갈래가 있다. 어떤 길을 선택할지 잠깐 멈춰 서서 생각하는 데 이 책이 조금이나마 도움이 되길 바란다.

공감통역사 김윤정
2019년 가을의 문턱에서

제3장
가족, 친정과 시댁, 본가와 처가
원가족과 아름답게, 아니 어떻게든 이별하라

제4장

양육, 그리고 자녀와의 관계
먼저 행복한 나, 행복한 부부가 돼라

제5장

자기 자신, 친구 관계와 직장
나만의 대나무숲을 만들라

제1장

연애와 결혼

남녀의 동상이몽을
구체적으로 소통하라

아무리 오래 사귀었어도 비교적 친밀감이 덜한 커플이 있습니다. 서로 잘 배려한다고 하면서 속 깊은 감정, 진솔한 생각을 나눠본 적이 없으면 친밀감이 떨어지죠. 친밀감이 적은 커플은 결혼 시기 같은 중대한 이야기를 나눌 때 진짜 바라는 것을 표현하지 못하면서 갈등이 생기고 애가 탑니다. 본문의 여성처럼요. 그것은 상대방을 배려하는 게 아닙니다. 비록 갈등이 생길 수는 있지만 크고 작은 생각, 감정, 염려, 원하는 바를 커플끼리 소통하는 연습이 필요합니다. 그것이 상대가 진짜 바라는 바가 나와 다르지 않음을 확인할 수 있는 방법입니다.

"전 아직 준비가 안 됐는데 남친이 자꾸 결혼하자고 해요"

남친 탓 아니고
그냥 내가 결혼이 두려운 거예요

4년째 교제 중인 남친이 곧 결혼할 것처럼 부담을 준다고 해요. 여성분이 판단하기에 취직한 지 얼마 안 된 남친에게 지금은 결혼보다는 일에 적응하고 경제적으로 안정을 찾는 것이 우선인 것 같다고 합니다. 남친과 헤어지는 건 싫고 결혼은 부담스러운 여성의 이야기입니다.

20대 후반의 한 여성이 4년째 교제 중인 남자친구 문제로 저를 찾아왔습니다. 여성은 졸업 후 빠르게 취직했고 남자친구는 조금 늦게 취직해서 이제 막 일을 배우고 있는 처지인데 남자친구가 자꾸 결혼하자고 하는 게 고민인 분이에요. 이분 생각에는 남친에게 지금 중요한 것은 일을 배우고 돈을 모으는 것이지 결혼은 아니랍니다. 둘다 각자의 인생에 좀 더 집중하고 조금 여유가 생긴 뒤에 결혼해도 늦지 않다는 거예요.

그런데 남자친구는 곧 결혼할 것처럼 행동한다고 해요. 예를 들면 "우리 앞으로 같이 살 건데~" "이건 나중에 우리 집에 두면 참 좋겠다"와 같은 말들을 자주 한다고 해요. 이분은 그런 말이 무척이나 부담된다고 합니다. 남친과 헤어지고 싶지는 않지만, 결혼이 본인을 옥죄는 느낌이래요.

여성분의 질문. "좋은 관계를 이어가면서 결혼 문제를 현명하게 해결할 수 있는 방법은 없을까요?"

"그래서 남자친구는 대체 언제 결혼하자고 하는데요? 그리고 본인은 언제쯤 결혼하면 좋은 거예요?"

'좋은 관계를 이어가면서 결혼 문제를 현명하게 해결할 수 있는 방법'에 대해서 물었는데, 그것은 아마 이런 물음일 거예요.

"둘 사이의 친밀하고 가까운 관계는 유지하되 서로 존중하면서 둘 다 만족스러운 방법으로 문제를 해결할 대화방법은 뭐가 있나요?"라는 질문.

- 아내: 여보, 일찍 와!
- 남편: 알았어. 일찍 올게.
- 아내: 오늘 일찍 온다며? 왜 약속 안 지켜?!
- 남편: 일찍 왔잖아.

- 아내: 뭐가 일찍이야? 일찍 온다고 해놓고 약속도 안 지키고. 오기 싫은 거였으면 첨부터 일찍 온다고 약속을 하지 말던가!

추상적인 대화의 전형이죠. 대체 몇 시가 일찍인지, 서로의 기대를 공유하지 않았습니다.

이 커플에게도 구체적인 대화가 필요해요. 남친이 "나중에 결혼하면~" 같은 말을 할 때, 여성분은 구체적인 이야기를 꺼낼 필요가 있어요. '그래서 그대는 언제쯤 결혼하면 좋은가?' '나는 언제가 좋은 시기라고 생각한다'라고요. 둘의 시기에 분명 차이가 있을 텐데 그 차이를 어떻게 조정해나갈지를 협의해야 합니다. 만약 지금 당장 시기를 정하기 어렵다면, 결혼 시기 문제는 1년간은 협의하지 않는다고 말하고 1년 후에 연장해가면서 지낼 수도 있어요.

때에 따라서는 추상적인 대화도 필요해요. 여성분은 '결혼이 본인을 옥죄는 느낌'이라고 했는데, 남친의 추상적인 말("나중에 결혼하면~" 같은)을 그 이면의 마음을 확인하는 데 사용하세요. "나중에 결혼하면~"이라는 남친의 말은 사실 "너랑 평생 함께하고 싶어"라는 뜻이에요.

"결혼은 늦게 하자는 여성의 속마음은 대체 뭘까요?"

취직에 성공했다면 이런 고민을 하면 좋습니다. 앞으로의 인생을 어떻게 살고 싶은가? 꿈이 뭔가? 5년 후, 10년 후에 어떤 인생을 살고 싶은가? 이 여성분은 남친과 이런 대화를 나눌 필요가 있어요. 내가 어떤 삶을 살아가고 싶은지, 상대방은 어떤 인생을 살고 싶은지 20대 때부터 고민하고 생각해보는 것이 중요해요. 꿈과 직업은 다르니까요.

아이들에게 "너 커서 뭐가 될래? 네 꿈이 뭐니?"라는 질문을 많이 하지만 그것은 사실 "너 나중에 커서 뭐 해 먹고살래? 생계를 위해서 무슨 직업을 가질래?"라는 질문이죠. 그 질문의 이면에는 건강하고 독립적인 성인이 되는 데 경제적인 독립이 중요하다는 의미가 담겨 있을 겁니다. 그러나 취직과 직업에 대한 사고가 많이 변한 요즘 직업이나 꿈을 물어보는 질문 속에 담긴 의미가 본질에서 벗어나는 경우가 종종 있습니다. '남자는 직업이 있어야 돈을 벌어서 결혼하고 처자식 먹여 살리고, 여자들의 직업은 결혼 전에 잠시 머무는, 언제라도 그만둘 수 있는 부수적인 것'이라는 의미가 담긴 경우가 있어요.

그래서 이 여성의 남친은 '나는 너를 사랑하고 이제 너와 함께하고 싶은 마음이 커'라는 의미로 하는 말인데 여성분에게는 '너의 삶을 버리고 희생의 지옥이라는 결혼으로 들어가야 해'라는 말로 들릴 수 있습니다.

그도 그럴 것이 우리 사회는 남자들에게 직장에 취직해서 몇 년간 돈을 좀 모은 다음에 결혼하라고 조언합니다. 결혼 준비에 필요한 돈, 특히 집 장만의 책임이 남자에게 있음을 강조하는 이야기죠. 그래서 취직한 지 얼마 되지 않은 남친이 결혼 이야기를 꺼내자, 이 여성분이 '아니, 결혼이라니? 결혼 자금을 마련할 동안은 결혼 생각을 하면 안 되는 거 아닌가?'라고 생각했는지도 모릅니다.

그렇지 않다면 이 여성분은 무척이나 독립적인 분일 가능성이 높습니다. 자신이 결혼했을 때 짊어져야 할 책임의 무게를 이미 직감한 것입니다. 결혼했을 때 주변에서 여성들에게 기대하고 압박을 가하는 수많은 불합리와 부조리를 감당하기보다는 자기다운 삶을 좀 더 살아보고 싶은 마음이 있는 게 아닐까 추측됩니다.

이 여성분은 자신의 삶을 자신의 방식대로 살고 싶은 마음이 커 보이는데, 이럴 때 필요한 대화가 추상적 대화입니다. 남친에게 내 꿈과 살고 싶은 삶, 그리고 미래에 대해서 먼저 이야기한 다음, 이에 관해 구체적인 대화를 나눠보시길 권합니다. 결혼을 하든 안 하든, 직업을 가진 후에는 그 직업으로 어떤 삶을 살고 싶은지 생각하고 그런 삶을 살아보는 게 중요하기 때문입니다.

아직은 내가 어떤 삶을 살고 싶은지 결정하지 않았고 그 비슷한 삶도 살아보지 않았는데, 아직 막연하기만 한 내 미래에 아무리 사랑하는 남자친구라 해도 내가 결혼을 할지 말지에 대해 지금 결정하고 대화를 이어간다는 것은 여자로서는 부담이 될 수 있습니다.

두 분이 진지하게 앉아서 어떤 삶을 살지, 삶에서 중요한 가치는 무엇인지에 대해 이야기를 나눠보는 것이 좋을 것 같습니다. 연애하고 사랑한다고 해서 꼭 결혼하는 것은 아닙니다. 결혼한다고 해서 다른 사람들의 삶의 방식과 비슷하게 살아야 하는 것도 아닙니다.

그런데 이 여성분이 남자친구와 진지하게 앉아서 이런 이야기를 하는 것이 왜 힘들까요? 관계를 망가뜨리고 싶지 않아서 그래요. 우리는 관계가 깨어질까 봐 진심을 표현하기를 주저합니다. 상대의 생각과 내 생각이 다른 것 같으면 진심을 표현하기가 더더욱 어렵습니다. 하지만 진짜 좋은 관계, 그리고 결혼할 수 있는 관계가 된다는 것은 상대의 생각과 삶의 가치, 그것을 이루는 방법이 나와 다르다 해도 서로 안전하고 자연스럽게 그것을 표현할 수 있고 또 존중하고 인정하면서 동의할 수 있는 관계가 된다는 겁니다. 그런 관계가 결혼 문제라는 높은 산을 작은 발걸음으로 올라갈 수 있는 기초가 될 것입니다.

참고로 미혼 남녀가 결혼하기 전 꼭 체크할 사항이 있는데요. 결혼을 앞둔 커플이라면 함께 다음 질문에 대해 이야기를 나눌 필요가 있어요.

▷ 상대가 경제적인 능력을 상실하면 내가 가장이 될 마음이 있나요?
▷ 상대가 아플 때에도 떠나지 않을 자신이 있나요?

▷ 상대가 살고 싶은 인생의 방법과 꿈에 동의하고 있나요? 반대로 내 삶의 방식에 상대가 동의하고 있나요?

▷ 부모님과 자녀를 포함해서 그 누구보다 나와 상대를 가장 중요하게 여길 마음이 있나요?

▷ 의사결정을 할 때 나와 상대방의 의견을 가장 중요하게 여길 건가요?

▷ 내 꿈을 위해서 상대를 희생시키려는 마음이 있는 건 아닌가요?

▷ 아이를 낳을 건가요?

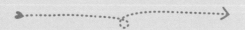

여성들이 결혼을 고려할 때 재정적인 안정감과 상대가 나를 사랑하느냐를 중요하게 꼽는데요. 이때 중요하게 고려해야 할 또 다른 것은 내가 상대를 정말 사랑하는가? 입니다. 결혼은 상대방이 내 행복을 만들어주기를 기대하기보다, 내가 상대방의 행복을 위해 애쓸 마음으로 하는 것입니다. 그게 진짜 사랑입니다. 상대방의 단점이란 철저히 내 기준에 의한 것입니다. 내 기준이 너무 높거나, 내가 그 단점에 적응하기 힘들 것 같아서 상대방의 어떤 특성을 단점이라고 명명하는 것일 뿐입니다. 그러면서 상대방에게 그것을 고치라고 강요하는 것입니다. 본문의 여성처럼요.

"남자친구가 다 좋은데… 결벽증이 심하고 너무 까탈스러워요.
우리 결혼해도 될까요?"

결혼하면 안 될 것 같아요,
당신을 위해서가 아니라 '그'를 위해서요

성실하고 유능하고 착하고 외모 준수한, 모든 것이 완벽해 보이는 남자친구에게
단 한 가지 단점이 있는데 그것은 바로 지나친 결벽증. 이 남자와 결혼을 앞둔 여
성은 그 단점 때문에 결혼을 주저하고 있습니다.

Q_

저는 서른넷 직장 여성이에요. 사내에서 3년 넘게 남몰래 사귄 동
갑내기 남자친구가 최근 청혼을 해서 승낙했어요. 우리가 커플인 거
사내에서 비밀 아닌 비밀인지 오래이고 제 나이도 적지 않고요. 지난
주에 양가 부모님 상견례도 마쳤겠다, 이제 날짜 잡고 본격적으로
결혼 준비를 시작하려고 해요. 근데 막상 결혼을 생각하니 걸리는
것이 좀 있어요.

남자친구는 모든 면에서 완벽한 사람이에요. 착하고 성실하고 능력 있고, 외모도 깔끔한 편이죠. 근데 결벽증이 좀 심해요. 그것 때문에 결혼이 망설여질 정도이니…. 남친은 어떤 물건이든 그냥 만지는 법이 없어요. 심지어 버스 손잡이, 지하철 손잡이도 늘 항균티슈로 닦은 다음 잡아요. 한 번은 남자친구 집에 놀러가서 침대 위에 걸터앉았는데 남자친구가 경악하면서 소리치더라고요. "안 돼! 침대에 먼지 묻어!"라고요. 남친이 그렇게 크게 소리치는 모습을 처음 본 데다가 별거 아닌 일에 경악하는 것을 보고 좀 놀랐어요. 식당에 가면 가방은 꼭 품에 안고 밥을 먹어요. 바닥에 내려놓으면 가방에 뭐가 묻을까 봐 신경이 쓰인대요.

게다가 입맛도 아주 까다로운 편이라, 우리가 데이트할 때는 매일 가는 식당에만 가요. 낯선 음식은 먹어볼 생각도 하지 않고 오직 김치찌개, 순두부찌개, 된장찌개 같은 고리타분한 음식만 먹어요. 저도 그런 메뉴가 딱히 싫은 건 아니지만, 가끔은 떡볶이, 순대, 튀김 같은 분식도 먹고 싶거든요. 근데 남자친구는 분식은 질색을 해요. 때로는 분위기 있는 카페에서 스테이크도 썰고 싶고 브런치도 함께하고 싶은데 남자친구가 싫어해서 데이트할 때 그런 카페는 몇 번 가본 적이 없어요.

지금이야 가끔 만나는 거라 괜찮다지만, 결혼해서 이런 남자와 매일 붙어 살 생각을 하니까 좀 고민이 돼요. 능력 있고 성실하고 착하고 외모도 준수한 이런 남자 만나기 힘든 거 잘 압니다. 그렇기에 더욱 결혼이 고민스러워요.

우리 커플 그냥 이대로 결혼해도 될까요? 정말 행복하게 살 수 있을까요?

A_

"왜 그게 단점이죠? '단점'이라고 규정하고 고치라고 강요하면 세상 편하긴 하죠."

이 여성분은 남친의 생활방식과 그 나름의 질서를 존중해줄 마음이 없어 보여요. 결혼생활에서 나와는 다른 배우자의 삶의 방식을 나쁜 것으로 보고 그것을 꺾으려고 하면 저항과 다툼이 발생하는 것이 인지상정입니다. 뒤집어 말해서 그런 다툼을 해결하는 가장 중요한 요소는 차이를 존중하는 것이죠.

어떤 생활방식을 지닌 사람과 결혼해야 행복할까요? 결혼 만족도에 영향을 미치는 상대방의 성격적 특성은 무엇이 있을까요?

연구 결과로만 보면 이분의 남친처럼 성실하고 유능하고 조직적이고 깔끔한 성격을 지닌 남자와 결혼한 아내들의 만족도가 높습니다. 왜냐하면 남자의 조직성, 성실성이 연봉과 예측 가능성에 영향을 주어 아내의 삶의 안정성에 기여하기 때문입니다.

여성들은 재정적인 면에서 풍요로움과 안정감이 예측되면 상대와 결혼해도 괜찮을 거라고 생각합니다. 그런 다음 상대방이 자신을 사랑하는지 확인합니다. 여기서 또 확인해야 할 중요한 사항은 바로 내가 그 사람을 사랑하는가, 하는 것입니다. 여성분께 묻겠습니다. 정말 남친을 사랑하나요?

배우자에게 단점이 있을 수도 있고, 배우자가 결혼생활 중에 아플 수도 있고 스트레스를 받아 약한 모습, 부정적인 모습을 보일 수도 있어요. 상대방의 특정한 성향을 내가 단점이라고 판단하는 이유는 내 기준이 너무 높거나 아니면 내가 그것에 적응하기 힘들 것 같아서 입니다. 그래서 그것을 단점이라 명명하고 고치라고 강요하는 것입니다. 결국 나 편하자고 그러는 거죠.

"결벽증은 남친이 아니라, 남친의 생활습관을 답답해하는 여성분께 있는 것 같아요."

결혼은 서로 행복하기 위해서 하는 것입니다. 내 행복을 그가 만들어주기를 기대하기보다 내가 그의 행복에 기여하고 노력할 마음으로 하는 것이 결혼이고 사랑입니다.

아무도 강요하지 않는데, 내가 자발적으로 상대방에게 관심을 기울이고 상대방을 아껴주고 소중히 여기고 인정하고 이해하고 보살피는 것, 정서적·물리적·신체적·재정적으로 힘들 때에도 내가 상대를 한결같이 사랑할 책임과 의무를 특권으로 여기고 상대에게 자발적으로 그렇게 하겠다고 서약해주는 것이 결혼이고 사랑입니다.

그럴 마음이 있나요?

상대방의 삶과 성격에서 동전의 양면 같은 부정적인 모습을 수용할 마음이 없다면 아직 결혼할 때가 아니에요. 상대방은 자신의 삶의 방식을 내게 강요하지 않는데, 내가 상대방에게 고치라고 말하고 싶다면 역시 아직 결혼할 때가 아니에요. 결혼은 서로 얼마나 만났는지, 결혼할 나이가 됐는지로 결정할 문제가 아닙니다. 내가 심리, 정서적으로 차이를 존중하는 태도가 형성되었을 때, 나도 사랑할 준비가 되었을 때 결혼하는 것이 맞아요.

이 세상에 결점 없고 단점 없는 완전무결한 사람은 없어요. 남친뿐만 아니라 여성분도 마찬가지예요. 상대는 내 모습을 비춰주는 거울입니다. 다시 말해서, 이 여성분이 남친에게서 답답해하는 점은 사실 여성분 자신의 모습일 수 있어요.

제가 볼 때 결벽증은 남친에게 있는 게 아니라 여성분에게 있어요. 이 여성은 남친의 단점을 어떻게 커버하고 살 것인가, 그런 단점마저도 어떻게 사랑해주면서 살 것인가를 고민하지 않고, 그런 단점이 그저 답답하고 막막하기만 한 거예요. 그런 답답함과 막막함을 그냥 지나치고 넘어가지 못하는 것이 바로 여성분에게 결벽증이 있다는 증거입니다.

상대방을 내 행복의 수단으로 삼기 위해 결혼하려고 하는지, 아니면 그 사람의 단점을 내가 품으면서 그 사람이 중요하게 여기는 것을 나도 중요하게 여기면서 살 마음이 있는지, 이 여성분은 진지하게 생각해보아야 합니다.

다시 한번 단도직입적으로 묻겠습니다.

정말 남자친구를 사랑하나요?

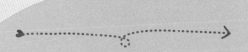

일생에 한 번뿐인 결혼. 준비하는 게 만만치가 않습니다. 그런데 대부분은 결혼식 준비에만 치중합니다. 스튜디오, 드레스, 메이크업 등 이른 바 '스드메', 신혼여행, 집 장만을 위해 인터넷 블로그를 몇백 개 꼼꼼히 읽고 직접 발품을 팔아 여기저기 다니기도 합니다. 이렇게 외적인 준비만으로도 예비부부들은 이미 지쳐버립니다. 자칫 다툼이 일어날 수도 있고요. 그러나 결혼 준비는 결혼식 준비에서 그쳐서는 안 되고 이후 결혼생활에 대한 준비가 필수입니다. 두 사람의 차이를 이해하고 인정해주는 태도, 경청하고 공감하는 능력, 자기 주장하는 능력 등을 결혼 준비 목록에 꼭 넣기를 바랍니다.

**"결혼식장 가기 전에 서로 감정만 상할 것 같아요.
어떤 게 현명한 결혼 준비일까요?"**

결혼식만 준비하지 말고
결혼생활도 준비하세요

결혼식 준비로 바쁜 커플. 여성분은 본인 취향에 맞으면서도 가능한 한 합리적인 것을 선택하려고 열심히 블로그를 리서치하고 발품 팔며 다니는데, 그러면서 예비 남편과 자주 다툽니다. 결혼식장에 들어가기도 전에 서로 감정만 상할까 봐 걱정인 여성의 이야기입니다.

취업을 위한 준비는 참 오래 합니다. 면접을 위해 옷, 신발, 헤어스타일, 메이크업 등 외모 가꾸기에 심혈을 기울일 뿐만 아니라, 면접관을 만나서 인사하고 질문에 대답하고 자신의 의견을 전달하는 방법을 따로 익히고, 실제로 직장생활을 할 때 필요한 업무 능력 또한 별도로 열심히 준비합니다. 그래야 입사 후에 회사 적응도 잘하고 일도 잘할 수 있기 때문이죠.

결혼 준비도 마찬가지입니다. 결혼식 준비뿐만 아니라 결혼생활 준비에도 만전을 기해야 합니다. 건강한 결혼생활을 위해서는 물질적인 것뿐만 아니라, 눈에 보이지 않지만 꼭 필요한 능력을 미리 준비해야 하는데요, 직장인이 준비해야 할 업무 능력처럼 예비부부가 준비해야 할 능력은 바로 공감 능력과 소통 능력입니다.

제가 상담했던 20대 여성의 사례로 설명해보겠습니다. 직장 여성인 이분은 남자친구와 함께 결혼식 준비를 하다가 다툼이 커져서 감정의 골이 깊어질까 봐 걱정하며, 어떻게 현명하게 결혼을 준비해야 할지 상담을 신청했습니다.

"직장에 다니며 결혼식을 준비하고 있어서 매일 퇴근하면 오빠 만나서 여기 저기 스튜디오 다니면서 드레스, 메이크업, 식사 등 가격 비교하느라 연일 바쁘네요. 그런데 아무리 간단하게 준비하려고 해도 결혼식 준비가 장난이 아닙니다. 스튜디오, 드레스, 메이크업 일명 '스드메' 패키지가 세트처럼 묶여있어서 이것저것 따지고 재느라 정말 멘붕에 빠질 지경이에요. 그런데다 문제는 오빠의 반응입니다.

오빠는 사실 따라 다니기만 했지 정보 알아보는 것은 전적으로 제가 다 했거든요. 그런데도 '뭐가 이렇게 복잡하냐' '제발 간단하게 하자' '뭐가 그리 오래 걸리냐? 빨리 좀 결정하자' '힘들다'라며 하도 옆에서 투덜대서, 그동안 참다 참다 며칠 전에는 제가 드디어 폭발했어요. 결국 대판 싸웠죠. 저는 일생의 한 번뿐인 결혼식이니 만큼 제 취향에 맞으면서도 가능한 한 합리적인 선택을 하려고 신중에 신중을 기했거든요. 일하면서 틈틈이 인터넷 블로그를 몇백 개나 읽고 정보를 조사했는지 몰라요. 그런데 이런 제 노력을 하찮게 여기고 결혼식 준비를 귀찮다는 듯이 말하니 기분이 확 상하더라고요. 지금은 결혼식 준비가 올스톱된 상태예요. 우리 둘 다 지치고 너무 힘드네요. 대체 어떻게 결혼 준비를 현명하게 할 수 있을까요?"

결혼 준비를 현명하게 할 방법을 궁금해한다는 것은 무척 바람직한 태도예요. 이것만은 꼭 기억하세요. 차이를 존중하는 자세로 상대에게 거절할 자유를 주기.

"차이를 대하는 태도가 결혼생활의 차이를 만듭니다."

인간은 동질적인 점 덕분에 서로 친해지며, 차이로 인해 갈등합니다. 갈등을 해결하기 위해서는 그 차이를 자연스럽게 받아들이고 인정해주는 태도가 필요한 이유죠.

결혼하는 두 사람은 비슷한 면도 있지만 사실 다문화 가정이라고 할 만큼 다른 점이 많아요. 예를 들어 성별, 살아온 경험, 가족문화, 가치관, 욕구, 욕구 충족 방식 등 아주 많은 것이 다르죠.

"청혼할 때는 '내가 너를 행복하게 해줄게'라고 말하지만, 사실 누가 누구를 행복하게 해줄 수는 없어요."

이 여성분은 자기 방식만 알아달라고 하고 예비 남편의 마음은 헤아리지 못하고 있어요. 문제해결 방식에 있어서도 본인 입장만 헤아리고 있어요. 즉 갈등 해결 능력이 떨어져 보여요. 결혼의 진짜 의미가 뭔가요? 자기 자신의 필요와 욕구뿐만 아니라 상대방의 욕구와 필요를 똑같이 중요하게 여기는 마음을 갖는 거예요.

결혼 전에 꼭 생각해볼 문제! 자신의 우선순위를 배우자에게 내줄 수 있나요? 상대를 사랑하고 있나요?

흔히 여성들(남자도 마찬가지이지만)은 사랑을 받기 위해 결혼하는 경우가 있는데 그러면 실패할 확률이 높습니다. 내가 사랑받는 것도 중요하지만 결혼은 내가 상대를 사랑하려고 하는 것이어야 합니다. 내가 내 삶을 잘 살 수 있는데 상대방과 나누면 더 기쁘기 때문에 결혼하는 것이지, 나의 행복을 상대가 가져다주기 때문에 결혼하는 것이어서는 안 됩니다. 청혼할 때 "내가 너를 행복하게 해줄게"라고 말하지만 사실 누가 누구를 행복하게 해줄 수는 없어요.

결혼을 준비하시는 모든 분들은 스스로 자문해보세요. "나 자신의 행복과 내 삶의 만족에 관심을 기울이는 것과 마찬가지로, 나는 배우자의 행복과 삶의 만족에도 관심을 기울이고 그것을 기꺼이 도울 것이다"라는 마음을 갖고 있나요? 상대가 내 기대만큼 다 해주지 못하더라도 여전히 상대를 존재만으로 사랑하고 감사할 수 있는지 스스로 점검해볼 필요가 있어요.

이외에도 결혼 준비 때 꼭 갖춰야 할 능력을 꼽는다면 서운한 마음을 풀기, 사과하기, 용서하기입니다. 각자 스트레스를 풀 수 있는 취미도 준비하면 좋아요. 친구 네트워크를 다시 한번 점검하고 집안일, 재정 관리 등 실무적인 것도 배워둘 필요가 있어요. 마지막으로 점검할 것은 서로의 마음을 가장 중요하게 여길 것인가, 하는 것입니다.

지금의 갈등을 너무 불편하게만 여기지 마세요. 갈등은 상대를 더 깊이 이해하고 사랑하는 기회가 될 수 있기 때문에 갈등을 통해 오히려 신뢰가 더욱 깊어질 수 있어요.

이 여성분의 경우, 소통과 갈등 해결을 위해 갖추면 좋은 태도가 나와 상대의 입장을 모두 존중하고 내가 상대방의 반응을 보며 추측한 생각을 상대에게 확인한 후 대화하는 거예요. 그렇지 않고 내 추측을 기정사실화해서 대화를 진행하기 때문에 감정이 더 격해지고 있어요.

우리가 화가 나는 이유는 상대가 내 기대만큼, 내 뜻대로 움직여주지 않는다고 판단하기 때문이에요. 상대의 마음은 이미 '이렇다'고 결론을 내린 상태에서 그것을 확인하는 대화 아닌 '조사'를 시작하기 때문에 대화가 이어지지 않습니다.

남친이 아무리 "내가 결혼 준비를 하찮게 여기는 건 아니고 그냥 지금보다는 좀 간단하게 했으면 좋겠어"라고 이야기해도 여성분은 '아니야 그렇지 않아. 분명히 결혼 준비를 하찮게 여기는 거야. 나와 결혼하는 것도 중요하게 여기지 않는 게 분명해'라고 왜곡된 생각을 고집하는 것일 수 있습니다. 내 기대만큼 상대가 움직여주기를 바라는 마음이 좌절될 때 서운한 감정이 들 수 있지만 서운한 마음이 앞서서 상대방의 마음을 내 판단으로 기정사실화하고 상대가 표현하는 진심을 무시하는 경우 남녀 사이의 대화가 어려워져요.

이것은 다음 장에 나오는 일명 '소설쓰기'로 이어지는 주제입니다. 내가 서운할 때 내가 바라는 것이 무엇인지 구체적으로 표현할 수 있는 자기주장 능력, 일처리 방식에서 나와 상대의 차이를 인정하는 태도, 그리고 역할을 적절히 배분하는 능력을 갖추기를 바랍니다. 가끔 혼자서만 힘들다고 하는 사람들이 있죠. 다른 사람의 일처리 방식이 미덥지 못하고 혹은 성에 차지 않아서 남에게 일을 맡기지 못해서 그러는 거예요.

"남자가 물리적 힘이 세다고 정서적으로도 강한 건 아니에요. 정신적인 에너지 소모로 쉽게 지치는 것은 남녀가 똑같습니다."

남자분의 경우도 자신이 원하는 것을 표현하는 부분에서 미숙한 점이 있어요. 예를 들어 여자분에게 '귀찮다'고 표현하는 경향이 있는데, '귀찮다'는 표현은 정말 신중하게 사용할 필요가 있어요. 자칫 잘못하면 "네가 귀찮아" "너와 하는 시간이 귀찮아"로 들릴 수 있거든요.

우리가 보통 귀찮다는 생각이 들 때는 내가 너무 지치고 힘들어서 휴식이 필요한 경우가 많습니다. 두 분 다 직장생활하면서 결혼을 준비하고 있기 때문에 정신적인 에너지 소모가 많습니다. 이럴 때 흔히 물리적인 힘이 더 강한 남성들이 여성들보다 지치지 않을 거라고 생각하지만 그렇지 않아요. 남성들도 정서적이고 정신적인 스트레스를 받으면 쉽게 피곤해지고 지칩니다.

무언가 귀찮고 피곤하게 여겨질 때 "너 때문에 귀찮아" "네가 날 피곤하게 만들어"라고 말하면서 상대방에게 책임 전가하지 말고, "나한테는 휴식이 필요해. 잠깐 쉴 틈이 필요해서 그래"라고 자신의 욕구를 표현해보세요. 그리고 상대가 애쓰고 노력하는 점에 대해서는 인정해주고 공감해주세요. 이것은 아무리 강조해도 지나치지 않습니다. 이 커플의 경우 두 분 다 일하면서 피곤한 가운데 힘들게 결혼 준비하느라 애쓰고 있어요. 힘들 땐 생각이 좁아져서 나만 힘들다고 생각하기가 쉽거든요. 그것은 일종의 '와이 미 증후군(WHY ME?)'인데요, 자신에게만 나쁜 일이 일어난다고 여기는 태도를 말해요.

갈등은 나도 좋고 상대도 좋은 방법을 함께 찾아가는 즐거운 여정입니다. 스트레스가 많을 때 일처리보다 서로의 마음을 우선 챙기는 것. 그것이 제가 생각하는 현명한 결혼 준비이자 결혼생활 준비가 아닐까 싶습니다.

제2장

부부 관계와
결혼생활

일명 '소설쓰기'와
'잘비당책강'을
멈춰라

　배우자에게 하는 짜증의 말, 거친 말은 씻을 수 없는 상처를 남깁니다. 아무리 화가 나서 한 정당방위라 해도 마찬가지예요. 부부 갈등은 연애 때의 오해에서 비롯되는 경우가 많습니다. 연애할 때 남자들은 자신의 이야기에 여자가 웃으면서 반응하면 스스로 인정받았다고 생각합니다. 그래서 결혼 후 여자가 힘든 이야기를 털어놓으면 빨리 웃게 만들려고 유치한 개그로 무리수를 두기도 하죠. 이때 남편의 의도를 파악하지 못한 아내는 화를 내게 되고 큰 부부싸움이 생길 수 있습니다. 연애 때는 서로가 서로에게 필요한 것을 주기 위해 노력하지만 결혼 뒤에는 서로 사랑받으려고만 합니다. 사랑해서 결혼했는지, 사랑받으려고 결혼했는지 생각해 볼 필요가 있어요.

"남편의 유치한 말장난 때문에 상처받아요."

아내의 거친 말에
남편은 목숨이 위태로울 수 있어요

연애 3개월 만에 친정의 반대를 무릅쓰고 결혼해 남편 하나만 믿고 낯선 도시에 정착한 아내. 그런데 남편이 무심코 던지는 말장난이 도를 지나쳐 아내가 상처받고 이에 화를 내면 남편은 침묵으로 일관하고, 항상 본인이 먼저 화해를 신청해야 풀리는 악순환의 반복… 그래서 너무 외롭고 힘들다는 젊은 워킹맘의 이야기입니다.

결혼생활 중 가장 큰 이혼의 위기는 언제 올까요?

결혼 연차와 상관없이 첫아이 출산 이후 1~2년 사이에 가장 큰 위기가 옵니다. 내 상태도 좋지 않고 배우자의 상태도 좋지 않을 때 주고받는 말과 그 반응에 따라 별것 아닌 일이 큰 위기로 번지는 것을 종종 봅니다. 이를 해결하는 데는 약간의 지식과 기술이 필요한데요, 일명 싸우고 화해하는 기술입니다.

한 번은 24개월 아이를 둔 워킹맘이 저를 찾아왔어요. 남편 때문에 고민이 많다는 그분은 복직한 지 1년쯤 되었다고 하더군요.

"남편은 정말 말을 너무 함부로 해요. 아무리 장난이라지만 기분이 몹시 나빠지고 무시당하는 느낌이 들어요. 그래서 제가 화내면 남편은 입을 닫아버려요. 남편은 원래 말수도 없고 듣기만 하는 조용한 성격이에요. 결혼 전에는 그런 조용한 성격이 좋고, 남편이 제 말을 잘 들어주고 고민을 이야기하면 해결 방법도 제시해주고 믿음직스러워 보였어요…. 만나면 재미있기도 했고요. 그래서 만난 지 3개월 만에 부모님의 반대를 무릅쓰고 친인척 하나 없는 낯선 도시에서 가정을 이루었습니다."

그렇게 어렵게 결혼에 성공했는데 최근에는 그런 남편이 실없는 말장난으로 아내 마음을 다치게 하는 일이 많다고 합니다. 문제는 그 이후인데, 화가 난 아내가 남편에게 화를 내면 남편은 아예 입을 굳게 닫아버리고는 몇날 며칠을 그렇게 삐쳐있다는 거예요. 그때마다 제풀에 지친 아내가 먼저 "그러지 말라"고 타이르면서 화해하기를 반복했다고 해요. 최근에도 아내가 버티고 버티다가 답답한 마음에 먼저 메시지를 보냈습니다.

- 아내: 언제까지 그렇게 말 안 하고 있을 거예요. 한시라도 빨리 사과하는 게 당신한테 유리해요.

- 남편: 아침저녁으로 선선한 바람이 불어오네요. 내가 말 안 하는 건 여보가 먼저 다짜고짜 화내서 그에 대응하고 있을 뿐입니다…. 난 핀잔을 조금 주긴 했지만, 여보가 먼저 화냈잖아요. 친구끼리 장난 좀 친 것 가지고 때렸는데 맞은 사람이 사과할 상황은 아닌 거 같네요.

청산유수 같은 남편의 글에 아내는 어이가 없었다고 합니다. 아내 생각에는 남편의 깐죽이는 말은 언어폭력이므로 자신이 화를 낸 것은 정당방위라고 합니다. 그래서 당연히 아내가 사과받고 존중받아야 할 일이라고 생각해서 남편에게 그렇게 말했더니, 남편은 그저 아내가 걱정하니까 맞장구친 것밖에 없답니다. 평소에도 늘 그런 식이라고 해요.
예를 들면,

- 아내: 나 요즘 살 많이 쪘지?
- 남편: 네…. 많이 쪘네요. 아이고 돼지가 친구하자고 하겠어요.
  (저녁 먹다가 아내를 뚫어지게 보면서 뜬금없이)
- 남편: 그렇게 많이 드시니 살이 찌지요….

그런 말을 듣고 기분이 상한 아내가 짜증을 내면 남편은 입을 다 물어버리는 것이죠. 아내는 남편이 불리할 때마다 침묵으로 일관하는 것도 싫지만, 그런 남편에게 자신이 늘 먼저 화해를 신청하는 것도 싫다는군요. 늘 먼저 하는 자신이 진 것 같아서 속상하고, 계속 이렇게 참고 어르고 달래면서 살아야 하는 건가 고민도 된다고 합니다. 심지어 이혼을 고민할 정도라고 해요. 아내는 울먹이며 묻더군요? "이 난관을 어떻게 극복하면 좋을까요?"

"남편이 썰렁한 개그로 무리수를 두는 건 아내를 웃기려는 거예요."

아내가 남편의 깐죽이는 말로 상처 입었듯이 남편도 아내의 짜증스러운 말 때문에 목숨이 위태로울 수 있어요. 아무리 정당방위라해도 거친 말의 영향은 사라지지 않아요. 화가 나고 짜증 난 감정을 조절된 형태로 표현하는 것은 성인이라면 당연히 자신의 책임입니다. 이게 아이와 어른의 차이예요.

'먼저 하는 것이 지는 것'이라는 생각도 바꾸셔야 해요. 먼저 하는 것은 더 사랑하는 것이고 더 사랑하는 것이 성숙한 태도입니다. 아내분은 사랑받으려고 결혼했을까요? 사랑하려고 결혼했을까요? 아내는 사랑받는 쪽으로 기울어서 고민하는 거예요. 하지만 그건 사랑이 아니라 거래입니다.

연애 3개월 만에 오직 사랑해서 결혼한 여자. 친인척 한 명 없는 곳에서 아내는 남편의 사랑과 지지가 절실했을 거예요. 남편이 입을 닫아버릴 때마다 외롭고 버려진 느낌이 들고, 돌아가 하소연할 곳도 없어서 얼마나 막막했을까요. 아무리 자신의 선택을 후회해도 돌아오는 말은 "그것 봐라. 엄마가 반대할 때 그만뒀어야지!"라는 질책뿐일 때 아내는 절망스러웠을 거예요.

하지만 그런 생각에 빠져 남편 탓만 해서는 이 난관을 해결할 수 없어요. 아내는 먼저 남편의 의도를 파악할 필요가 있어요. 남편에게 이렇게 물어보세요. "여보가 나한테 '돼지가 친구하자고 하겠어'라고 했는데, 어떤 의도로 말한 거야? 그냥 재미있으라고 내 말에 맞장구쳐준 거야?" 이때 남편이 자신의 의도를 말하면 그대로 믿어주세요. 아니라고 부정하지 말고요. 아무리 그래도 남편의 좋은 의도가 믿어지지 않고 그 의도가 나를 조롱하거나 놀리거나 깐죽대려고 하는 것이라고 여겨지세요? 그렇다면 그것은 남편 탓이 아니라, 아내의 화가 아직 풀리지 않아서 그래요.

이제는 아내 쪽에서 한 말과 행동으로 인해 상대가 받았을 영향에 대해 사과할 마음이 있는지 살펴봐야 합니다. 내가 상대에게 상처입힐 의도가 없었더라도 내 말이나 행동이 본의 아니게 상대의 마음을 상하게 했다면 사과하는 것이 좋아요. 내 마음이 아픈 것도 중요하지만 나로 인해 상대가 받았을 영향에 대해서도 관심을 기울이는 것이 성숙한 사랑이거든요.

남자도 상처받습니다.

"미안해"라는 말보다는 이렇게 사과하면 어떨까 싶어요.

"나는 화가 나서 그렇게 말했는데 그게 당신의 마음을 아프게 했다면 내 반응이 아쉽고 후회가 돼. 당신이 나한테 맞장구쳐주려고 했던 것은 고맙지만 나 힘들 때 그런 말을 들으면 당신에게 사랑받지 못하는 것 같아서 서운하고 섭섭해져. 나는 내가 힘들 때 믿고 의지할 사람이 당신밖에 없거든. 다음에는 내가 힘들다고 하면 당신한테 기대라고 말해주면 좋겠어."

"연애 때 받았던 사랑을 기대하면서, '내가 너를 사랑하겠다'고 결혼서약을 하셨다면, 그건 '뺑'치신 거예요."

연애를 할 때 여성들은 호감이 가는 남자에게 좋은 일보다는 힘든 일을 더 많이 말하는 경향이 있어요. 그때 이 여성에게 호감이 있는 남자는 그 말을 귀 기울여서 잘 들어주기도 하고 또 어떻게 해결하면 좋은지 해결책도 제시해줍니다. 그러면 여자가 기분이 좋아져서 웃습니다. 남자에게 여자의 웃음은 어떤 의미일까요? 자신이 유능하고 상대에게 애쓴 것을 인정받았다, 라는 의미로 다가옵니다.

남자들이 약간 허세를 부리며 이야기할 때 여자들이 감탄하면서 호응하는 반응으로도 남자는 인정받았다고 여기면서 행복해하고 그 여자를 위해 뭐든 하려 합니다. 이 뭐든 하려는 태도가 여성에게는 자신을 사랑해주는, 소중히 여겨주는 것으로 느껴집니다. 여성에게는 이렇게 소중하게 여김을 받는 것이 사랑입니다. 여자는 사랑을 먹고 사는 존재이고 말 중에는 예쁘다는 말이 대표적인 사랑의 표현입니다.

연애할 때는 이런 관계가 선순환을 그립니다. 그런 선순환 가운데 서로가 서로에게 필요한 것을 주기 때문에 두 사람은 각자 상대를 사랑하는 줄 착각(?)하면서 연애 때 받았던 사랑을 계속 받으리라 기대합니다. 그러면서 자신의 기대와는 반대의 성혼서약을 합니다. "내가 너를 사랑하겠다"라는. 일명 '뻥'이죠.

그렇게 결혼하면 여자는 저녁마다 남편에게 자기 힘든 이야기를 늘어놓습니다. 이때 여자가 기대하는 반응은 "내가 뭐 도와줄까?"라는 말인데 남편들은 아내를 좀 더 빨리 웃게 하려고 약간 유치한 개그를 합니다. 상태가 좋지 않을 때 그런 맞장구를 들으면 아내는 속이 상하고 웃자고 하는 말이 그냥 웃자는 말로 들리지 않습니다. 그럼 아내는 참다 참다 화를 내고 이 화내는 모습이 남편에게는 자신에 대한 무시(?)로 여겨집니다.

잔소리와 마찬가지로 화낼 때의 목소리 톤과 표정은 화내는 당사자의 뇌뿐만 아니라, 상대방의 뇌에도 영향을 미칩니다. 그래서 남성은 전두엽이 마비되어 말을 못 해요. 마비가 풀리는 데 72시간이 걸리죠. 반면, 여성은 사랑하는 뇌가 마비되어 더욱 논리적으로 나쁜 말들을 속사포처럼 하게 됩니다. 하지만 30분만 지나면 뇌의 마비가 풀리기 때문에 금세 다정해지고 자신도 모르게 남편에게 말을 붙입니다. 여자들은 이렇게 자신이 기분이 좋아졌을 때 아까 그 험악한 분위기로 돌아가고 싶지 않아서 갈등을 야기했던 이야기를 다시 꺼내지 않으려는 경향이 있습니다. 그래서 화가 났을 때에만 이야기를 합니다. 남자들이 여자들에 대해 잘 이해되지 않는 것은 이런 감정의 변화가 30분 단위로 왔다 갔다 한다는 것. 여자는 남자가 한번 화가 나서 입을 다물어버리면 그 오랜 침묵이 견디기 어렵습니다. 왜? 여자에게 침묵은 '버림받은 느낌'을 주거든요.

여자아이들이 싸울 때 화가 났다는 가장 센 표현은 "나, 너랑 안 놀 거야"입니다. 성인의 경우 "헤어져, 이혼해"라는 말과 같은 의미죠. 남자들은 이런 말을 들으면 상처를 받지만 여자들은 화가 나면 이런 말을 아무렇지 않게 합니다. 할머니들이 "죽는다" 소리를 입에 달고 사는 것도 그래서예요. 여자들이 싸우면 상대에게 가장 큰 형벌을 내리는 말이 "나, 너랑 말 안 할 거야. 그러니까 말 시키지 마!"입니다.

정말 '말 시키지 말라'는 뜻일까요? 여자들은 다 압니다. "빨리 미안하다고 말해. 뭔 말이라도 네가 먼저 말을 시키란 말이야!"라는 뜻이라는 것을. 그런데 이 말을 곧이곧대로 듣는 남자들은 여자가 말 시키지 말라고 하거나 말을 안 하면 자기도 말을 안 합니다. 그리고도 잘 지내죠. 말로 먼저 다가서지 않고 행동으로 다가서는 남자들의 성향 때문에 그렇습니다. 그때 남자들은 스킨십을 시도하거나 또는 '밥 달라!'고 하기도 합니다. 화난 여자의 경우, 사랑하는 뇌가 마비된 것과는 달리 남자는 사랑의 뇌가 활성화되어서 사랑을 달라는 표현을 거침없이 말과 행동으로 합니다. 이때 가장 큰 재앙을 부르는 말이 '밥 달라' '나 놀다올게' '잠자리하자' 입니다.

"아내의 말을 통역하면 '나를 아끼고 조금만 더 소중히 여겨주세요'라는 뜻이에요."

　남편도 아내가 화가 나서 하는 말을 곧이곧대로 이해해서는 안 돼요. 그러다가는 서로 오해가 쌓여 골이 더욱 깊어져요. 아내의 진심은 이런 거예요.

　"여보, 나를 사랑하고 아끼고 소중히 여겨주세요. 말로도, 행동으로도 내가 느낄 수 있게 마음으로 와 닿을 수 있게요. 매일 내가 말하지 않아도 혹은 아무렇게나 말해도 내가 얼마나 힘들지, 얼마나 외로울지, 얼마나 후회되고 속상할지도 헤아려주세요. 사실 나는 당신을 사랑하고 좋아해요. 그러니까 3개월 만에 부모님 반대를 무릅쓰고 당신을 선택했죠. 그런데 아이 낳고 키우며 일하며 지내보니 만만치가 않아요. 그래서 나 요즘 힘이 들고 흔들려요. 자꾸만 내 선택이 후회돼요.

　여보, 나를 붙잡아주세요. 내 선택이 맞았다고 말할 수 있도록, 나는 이렇게 사랑받으며 살고 있다고 부모님께 걱정하지 말라고 말할 수 있도록. 내가 당신에게 부족한 점이 있고 당신도 내게 부족한 점이 있어도 우리에겐 서로뿐이잖아요. 당신이 나를 소홀히 대한다고 여겨지거나 가볍게 장난처럼 대하면 안 그래도 요즘 일하고 육아하느라 외롭고 힘든 내가 기댈 곳이 없어져요.

　내가 가끔 화내면서 말해서 미안해요. 그래도 나를 사랑해주세요. 왜냐하면 나도 당신을 사랑하기 때문이에요."

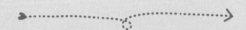

여성들이 화가 나고 힘이 들면 자기 자신을 비련의 여주인공으로 만들어 '소설'을 쓰는 경향이 있습니다. 이는 관계를 파괴하고 자기혐오의 지옥에 빠져 헤어 나오지 못하게 하는 매우 좋지 않은 습관입니다. 부부 관계를 파괴하는 나쁜 언어습관도 있습니다. 잘잘못 따지기, 비교하기, 당연시하기, 책임 전가하기, 강요하기. 일명 잘비당책강. 그 늪에서 빠져 나와 필요한 도움을 제대로 표현하고 그 도움을 제때 받는 것이 중요합니다.

**"독박육아에 생활비 부담에, 남편과는 소통 단절….
어떻게 해야 이 고통이 해결될까요?"**

고통을 해결하고 싶은 게 아니라 '세상에서 내가 젤 불쌍해'라고 호소하는 것처럼 들려요

●

두 아이를 둔 결혼 10년 차 워킹맘의 이야기입니다. 독박육아와 가정의 경제를 혼자 짊어지는 이분은 과도한 부담감, 과중한 업무 스트레스, 무관심한 남편으로 인한 서러움과 고통을 호소하고 있습니다. 속도위반 때문에 결혼한 것에 대한 깊은 후회와 소통 없는 남편과의 갈등 등 총체적인 난국에 빠져있습니다.

Q_

저는 열 살, 일곱 살 두 아이를 둔 결혼 10년 차 워킹맘입니다. 삽화가인 남편은 월 생활비로 고작 30만 원을 주는데 둘째 출산 전까지는 한 푼도 주지 않았습니다. 기분이 나빠서인지, 돈이 없어서인지는 몰라도 이마저도 안 줄 때가 많아요. 정확한 이유는 저도 물어보지 않아서 모르겠어요. 30만 원에서 첫 아이 학원비 내면 남는 게 없어요. 그러니 모든 생활비는 제가 부담하는 셈이죠.

아이들 양육도 제 몫이나 다름없어요. 주 5일 중 이틀 정도 남편이 아이들 등하교 챙기고, 사흘은 저나 시골에 사시는 친정 엄마가 돌보고 있어요. 장모가 아픈 몸을 이끌고 아이들 보살피러 시골에서 올라오면 용돈은 쥐어주지 못할망정 말이라도 고맙다고 해야 하잖아요. 그런데 알아서 하라는 식으로 입을 굳게 다물고 있으니, 부부 싸움으로 번지기 일쑤입니다.

회사에서 저는 무슨 일복이 그리도 많은지, 윗분을 잘못 만나서 아이들이 아파서 조퇴라도 하게 되면 눈치가 보이고 그나마 일요일까지 출근해야 아무 문제가 없어요.

남편은 금요일 저녁에 아이들 하교를 봐주고는 토요일은 뭘 배우는지 아침부터 온종일 외출해서 저녁 늦게 돌아와요. 집에서는 손 하나 까딱 하지 않고 소파에 누워 TV 시청으로 시간을 보내요. 일주일에 한 번 청소기 돌리는 것도 요즘엔 하지 않더라고요. 삼시세끼 꼭 정해진 시간에 식사를 해야 하고, 식사 시간을 놓치면 막 짜증을 내요. 빵은 간식이고 꼭 밥을 먹어야 해요. 우리가 싸우면 남편은 아이들한테 "엄마를 잘못 만난 너희들이 불쌍하다" 등등 하지 말아야 할 말들을 하더라고요.

저는 요즘 매순간 이혼을 고민하고 있습니다. 속도위반 때문에 결혼을 서둘러서, 소개팅으로 만난 남편에 대해 잘 모르고 결혼생활을 시작했어요. 그런데 살면서 보니 남편 성격이 보통이 아닌 거예요. 일주일 내내 전화 한 통 없고 제가 뭐라 물어보면 그냥 "어"라고만 대답하는 식이에요. 본인이 잘못한 일이 있어도 절대 사과는 하지 않고요. 몇 년 전부터는 말끝마다 제 친정 흉을 보고, 아이들이 아프면 먹을 걸 잘 못 먹어서 그렇다는 둥, 집이 더러워서 그렇다는 둥 제 속을 완전히 뒤집어 놓습니다.

지난 월요일, 독감에 걸린 둘째를 병원에 데리고 가달라고 남편에게 부탁했더니 본인과 상의도 하지 않고 병원에 예약했다며 엄청 투덜대더라고요. 매일 두 아이를 학교에 데려다주고 출근하기가 얼마나 어려운지 제 처지는 눈곱만큼도 생각하지 않는 남편이 너무 미워요.

우리 부부는 전혀 소통이 안 돼요. 대화는 없고 아예 하려고도 하지 않아요. 저는 육아에 지치고 일에 시달려 지금 견딜 수 없는 지경에 이르렀어요. 사무실 스트레스를 아이들에게 푸는 것 같아서 나 자신이 한심하기도 하고, 정신과 치료를 받아야 할까도 고민합니다. 저는 숨 쉴 시간이 전혀 없고, 남편은 나 몰라라 하고…. 여자가 죄인인가요? 저는 벌을 받고 있는 걸까요? 어떻게 해야 이 고통이 해결될까요?

A_

"자신을 비련의 여주인공 만들어봤자 고통만 더 깊어질 뿐이에
요."

"어떻게 해야 이 고통이 해결될까요?"라고 물으셨는데 마치 해결
책을 묻는 것 같지만 사실은 그렇지 않아 보입니다. 이분은 "나 힘들
어요. 나처럼 불쌍한 사람은 없을 거예요"라며 자신의 고통을 호소
하고 있어요. 이분이 원하는 답이, "그래요. 당신 정말 힘들었겠어요.
당신이 세상에서 제일 불쌍한 사람이에요"라는 연민과 동정의 소리
일까요?

아니죠.

여성들이 화가 나고 감정적으로 힘이 들면 관계를 파괴하는 심각
한 행동을 보이는데, 일명 '소설쓰기'입니다. 소설 속 주인공인 나는
비련의 여주인공이 되어서 상대방의 나쁜 점, 잘못한 점을 비난하고
불평하는 데 급급하게 됩니다. 하지만 그렇게 해서 과연 자신이 원
하는 것을 얻을 수 있을까요?

이 여성분은 자신이 전달하고자 하는 메시지를 정확히 전달하는
연습이 필요해요. 구체적으로 어떤 언어습관이 잘못되었는지는 뒤에
서 정리해드릴게요. 여기서는 우선 자신의 고통이 무엇인지 정확히
파악하는 것이 필요합니다. 이분에게는 어떤 고통이 있는 걸까요?

독박육아에 워킹맘으로 집안의 실질적인 가장인 여성분. 속도위

반이었다면 아이에게 원망감이 있을 텐데 아이를 미워하지는 않는 것 같습니다. 책임감은 있으신 분이에요. 이분의 결혼은 결혼의 가장 중요한 부분이 삭제된 채 시작된 것으로 보입니다. 결혼생활에 대한 준비는 고사하고 서로에 대한 사랑도 신뢰도 없는 결혼. 사랑하지는 않았다 하더라도 마음속으로 썩 그럴듯하게 내 행복을 만들어줄 거라고 기대하는 마음을 가지고, 이른바 조건을 따져서 거래로 결혼한 사람도 막상 해보면 힘든 것이 결혼생활과 육아입니다. 독박육아는 더 말할 것도 없고요. '사랑은 어떻게 하는 것인가?'에 대한 숱한 이야기와 결혼은 차원이 다른 이야기입니다.

"자신의 잘못된 선택을 끊임없이 후회하는 자기혐오의 감옥에 빠져서 헤어 나오지 못하는 것 같아요."

이분이 호소하는 고통은 자기혐오와 후회의 감옥이 아닐까요? 내 인생을 포기하고 아기를 낳고 결혼생활을 선택한 것 자체가 고통인 것입니다. 그런데다 아이 때문에 자기 삶을 포기한 그 고통에 대해 아무도 공감해주지 못하고 있는 것이 더 큰 고통입니다. 자기 자신도 당시에는 그 선택이 앞으로 어떤 미래를 가져다줄지 알아채지 못했을 거예요. 1~2년 안에 끝나는 이야기도 아닙니다.

사람이 마음이 너무 힘들면 이 힘든 마음을 다스리기 위해 주지화 방어기제를 사용합니다. 주지화 방어기제란 자신의 감정과 욕구를 억압하고 합리화하는 생각의 성에 갇혀버리는 것을 말해요. 그리고 마음이 상하면 대체로 부정적인 인지적 세계 속에 갇히게 되면서 상대방의 말과 행동, 그 이면의 의도, 모든 상황과 자극에 대해 부정적으로 해석됩니다. 주관적인 자기만의 인지적 세계 속에 갇혀 살 때 가장 고통스러운 세계가 바로 자기혐오와 후회의 감옥입니다.

이분은 자신이 선택한 결혼과 출산에 대해 책임을 다 하고 싶습니다. 그런데 아무리 발버둥을 쳐봐도 그 책임과 부담이 너무나도 크고 무겁습니다. 아무리 자처해서 하는 육아라지만 독박육아가 되면 힘겨운 게 당연하죠. 이혼하면 이제 대놓고 혼자 생계와 육아를 책임져야 합니다. 그런데 그 책임을 저버리고 무책임한 사람이 되는 것은 또 다른 극심한 고통입니다. 결혼 전에 낙태를 했거나, 결혼을 하지 않았거나, 현재 이혼을 해도 고통에서 자유로울 수 없습니다.

이처럼 이러지도 저러지도 못하게 되면서 최초에 그런 선택을 한 자신을 끊임없이 미워하고 그 순간을 후회하는 자기혐오의 감옥에 빠지게 된 것이죠. 이분은 어쩌면 결혼생활 내내 특정 시점 이전으로 돌아가는 꿈을 꿨거나 자다가 눈을 뜨면 모든 상황이 종료되는 꿈을 꿨을 수 있습니다. 그런데 매일의 현실은 바뀌지 않죠. 그렇게 자신을 미워하고, 세상에서 자신이 가장 힘들고 어렵고 최악의 상황이라는 자기 연민의 늪에 빠지게 되면 상황이 제대로 보이지 않고 다른 사람들에게 분노와 원망이 돌아갑니다.

이런 고통 속에 있을 때 사람들이 흔히 꿈꾸는 희망은 어느 날 남편이 '짠!' 하고 바뀌어서 돈을 아주 잘 벌어다 주거나 아내만 위해주는 사람이 된다는 것입니다. 그러나 그런 일은 일어나지 않죠. 그렇다면 이분의 경우 정말 어떻게 하는 것이 좋을까요?

"희망은 아이들이나 남편이 아닌 자기 자신에게 달렸습니다."

아프겠지만 자신이 살아갈 희망을 아이들이나 남편의 변화에 두는 것을 포기하세요. 희망은 내 마음의 변화에 달렸습니다. 그 첫 단추가 10년 전의 자신을 용서하는 거예요. 용서의 과정에는 자신의 고통을 지금과는 다른 방식으로 표현하는 것이 필요합니다. 이렇게 말이죠.

"나는 그때의 내 선택을 후회합니다. 아이들에게는 미안하지만, 때로는 아이들이 밉기도 합니다. 남편이 하는 것은 내 성에 차지 않고 서운하기 이를 데 없습니다. 아무도 내 고통을 알지 못해 답답합니다. 내가 진정으로 원하는 것은 내게 필요한 도움을 정확히 표현하고 정확한 때에 그 도움이 오는 것입니다."

나 자신과 상대를 미워하고 원망해도 됩니다. 하지만 그것으로 내가 얻는 유익이 뭘까요? '나는 피해자, 상대는 가해자'라는 구조를 만들면 내가 변할 필요가 없으니 편하죠. 그러나 그때 돌아오는 반응은 "그래 너 정말 안됐다"라는 동정이거나, "너보다 더한 사람도 많으니 감사하면서 살라"는 충고가 전부입니다.

가능하면 자기 용서와 자기 사랑을 주제로 상담을 받아보는 것도 좋습니다. 이분은 힘든 마음부터 편하게 풀어놓는 것이 필요해 보이기 때문입니다. 그리고 매일 짧게라도 자신의 감정과 자신이 원하는 것을 글로 적어보기를 권합니다. 힘들겠지만 자신과 남편에 대한 장점, 그리고 감사한 내용을 하루에 한 가지씩 적어보고 표현해보는 연습도 좋습니다. 남편 것이 힘들면 자신에 대한 장점과 감사한 것부터 시작하세요.

"관계를 망치는 언어습관 '잘비당책강'에서 벗어나세요."

사실 이분은 남편에게 궁금한 것을 묻지 않고 혼자 부정적으로 해석하는 습관이 있어요. 생활비를 안 주면 왜 안 주는지 물어야 합니다. 남자들은 물어야 대답하고, 말해줘야 압니다. 이분처럼 '딱 보니까 남편이 기분 나빠서 안 주는 것 같다'라며 묻지도 따지지도 않고 '딱 보고' 알아서 판단하는 사람이 세상에서 제일 무섭습니다.

그리고 남편이 주 5일 중 이틀 동안 아이들의 등하교를 돌봐주는 것을 아내는 왜 인정하거나 칭찬해주지 않을까요? 일주일에 한 번 청소기를 돌려주는 것을 왜 별거 아닌 것처럼 이야기할까요? 다른 사람의 요청을 잘 거절하지 못하는 착한 사람이 마음이 상하면 그렇게 변합니다.

일복이 많다고 하셨는데 일 잘하고 능력 있고 혼자서도 잘 하는 독립적으로 보이는 그런 사람은 사실 내면은 무척이나 의존적이고 다른 사람의 부탁을 잘 거절하지 못하며 다른 사람의 요구를 잘 들어주는 반응적인 특성을 가진 경우가 많습니다. 그런 분들은 직관력도 높아서 딱 보면 감이 옵니다. 이런 분들이 화가 나서 마음이 상하면 세상 모든 상황을 자신이 정해놓은 시나리오대로 해석합니다. 이분처럼 '윗분을 잘못 만나서'라고 말이죠. 자신의 판단이 맞다고 철석같이 믿고 있는 이런 사람들과는 관계맺기가 가장 무섭습니다. 이런 사람들은 한번 가진 선입견으로 상대와 상황을 모두 해석하기 때문입니다. 상대와 대화할 때도 자신이 전제한 대로 이야기를 이끌어가려 하지 상대방의 말을 믿지 않습니다.

이분이 알아야 할 또 다른 것으로 관계를 망치는 언어습관이 있습니다.

▷ 잘잘못 따지기
▷ 비교하기
▷ 당연시하기
▷ 책임 전가하기
▷ 강요하기

일명 '잘비당책강'입니다. 이런 언어습관은 감정이 상하고 내 욕구와 필요들이 좌절되었을 때 쉽게 나타납니다. 그러나 그런 식으로 말을 하면 할수록 더욱 부정적인 쪽으로 생각이 발전하고 욕구 충족을 위한 해법들을 생각해내는 문제해결력은 상실됩니다.

이분의 언어습관을 보면 자신의 선택에 대해 책임을 전가하는 것이 두드러져 보입니다. 문제해결의 주도권이 자신이 아니라 타인에게 있다고 말하고 있습니다. 내 감정이 상한 것은 내 욕구가 좌절된 때문이 아니라, 남편의 의도된 나쁜 행동 때문이고, 그래서 내 상한 감정을 해소해줄 책임은 전적으로 남편에게 있다고 말하는 것과 같습니다.

궁극적으로 이분에게 필요한 것은 자신을 용서하고 자신과 화해하고 자신을 돌보고 사랑하는 마음을 회복하는 것입니다. 그러고 나서야 자신이 원하는 것을 제대로 표현할 수 있습니다. 마음을 표현하는 방법을 배우는 것은 그다음 일입니다.

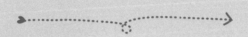

　여자가 일과 양육을 동시에 하다 보면, 손발이 잘 맞지 않는 남편 때문에 스트레스를 받으면서 남편을 이상한 사람 취급하게 될 수 있습니다. "사람이 어찌 저래? 남편은 인간이 아니구나!"라고 비난하게 됩니다. 그러나 비난 대신 남편의 특성을 이해하고 자신과 남편의 차이를 이해하는 것이 문제해결을 위한 바람직한 방향입니다. 남편과 조화를 이뤄가기 위해 노력하지 않고 남편을 이상한 사람이라고 매도하면 본인만 불행해질 뿐입니다다. 더불어 자신의 어떤 부분이 성장해야 하는지도 이해할 필요가 있어요.

"말이 안 통하는 남편…
사람이 어찌 이럴 수 있나 싶을 때가 많아서 미치겠어요."

사람이라서 그래요. 남편이 아니라, 남편에 대한 아내의 기대가 문제예요

쌍둥이 아기를 키우며 일하려면 남편의 도움이 절실히 필요하죠. 남편과의 소통이 매끄럽지 못한 바람에 본의 아니게 독박육아로 쌍둥이를 힘들게 키우게 된 여성분의 이야기입니다.

Q_

결혼한 지 3년째, 두 돌 안 된 쌍둥이를 둔 워킹맘이에요. 가까이 사는 시댁과 친정에 번갈아가면서 쌍둥이를 맡기고 출근하고는 있지만 남편의 도움이 절실해요. 저는 탄력근무를 신청해서 일주일에 두 번 오후에 출근해서 늦게 퇴근하고, 남편은 교대근무를 하고 있어서 둘이 시간을 잘 맞춰서 아이들을 돌보기로 했거든요. 근데 남편이 사실 전달 능력이 너무나 떨어져서 속이 터질 때가 한두 번이 아니에요. 예를 들면 본인의 교대 시간을 정확히 이야기해줘야 하는데, 말할 때마다 다른 소리를 하는 거예요. 그러고선 나중에는 자기가 처음부터 그렇게 말했다고 박박 우기고요.

며칠 전에는 남편이 시댁에 아이들을 맡기기로 한 날인데 마침 시댁에 고모와 어린 조카들이 여럿 놀러 온 거예요. 그랬으면 저한테 이야기해서 친정에 쌍둥이를 맡기는 게 나은데 그런 융통성이 전혀 없어요. 그날따라 무척 힘드셨던 시어머님이 나중에 저한테 전화해서 짜증을 내시더라고요. 그날은 쌍둥이를 봐주기 힘들다고 했는데 왜 데려와서 힘들게 했냐고 하시면서요. 저는 남편한테 왜 그랬냐고 따졌죠. 그랬더니 남편은 본인은 몰랐다고 발뺌하는 거예요. 알고 보니 어머님은 아들에게 미리 이야기했고 카톡에 증거 자료도 있다며 보여주시는데 저는 할 말이 없었습니다.

남편과는 이런 사소한 대화조차 잘 나누지 못해요. 공감대 형성이라든가 감정을 나누는 깊은 대화는 포기한 지 오래고요. 사실 남편은 머리가 좋은 사람이에요. 소위 일류대학 나왔고 번듯한 직장에서 일찌감치 능력을 인정받았어요. 그래서 신혼 초에는 "이게 뭐지? 날 무시하나?"라는 생각도 들었어요.

사실 남편과 출퇴근 시간을 공유하는 것은 별거 아니지만, 우리한테는 정말 중요한 문제예요. 남편 교대 시간에 따라 제 출근 시간도 결정되고 아이들 돌보는 것도 정해지거든요. 감정적인 대화는 그렇다 치고 그런 기본적인 대화조차 잘 이뤄지지 않아서 답답해 미칠 것 같아요. 내가 어쩌다 이런 인간이랑 결혼했나 싶을 때가 많고, 아무리 이해하고 참아 보려고 발버둥을 쳐도 막상 남편 때문에 일이 꼬이면 열받을 때가 많습니다. 아무리 남자와 여자의 뇌구조가 달라도 그렇지, 사람인데 어찌 저럴 수 있나요? 기본적인 대화가 안 되는데 미치겠어요.

A_

"아내가 화가 난 것은 '내가 이상한 사람이랑 결혼했구나' 하는 생각 때문이에요."

이 아내가 진짜 화가 난 이유는 남편이 시간 전달을 잘 못해서도, 대화가 잘 이뤄지지 않아서도 아닙니다. 화가 난 진짜 이유는 "내가 이상한 인간과 결혼했구나" 하는 생각 때문입니다. "사람이 어찌 저래? 남편은 인간이 아니구나!" 하는 생각 때문에 힘든 거예요. 즉 인간에 대한, 남편에 대한 내 기대와 틀이 현실과 맞지 않아서 화가 난 겁니다.

가족 또는 직장 동료와 더불어 살아가는 삶을 행복하게 살려면 나와 상대의 차이를 우리가 다르다는 의미 이상도 이하도 아닌 것으로 받아들여야 합니다. "나는 옳고 너는 틀렸다" "나는 정상이고 너는 비정상이다"로 바라보아서는 나만 불행해집니다. 이른바 차이를 대하는 태도가 관계의 차이를 만듭니다.

사람들 사이의 성격 차이는 이해 과목이 아니라 암기 과목입니다. 암기 과목의 특성은 외워도 외워도 돌아서면 까먹는다는 것이죠. 그래서 계속해서 외워야 합니다. 내가 암기를 포기하는 순간 성적은 떨어집니다. 그렇다면 이해가 먼저일까요? 암기가 먼저일까요? 정보를 듣고 반복하고 암기해야 이해되는 것이 많습니다. 성별과 성격적 특성이 일상생활에 나타나는 양상에 대한 이해는 평생 배우고 익혀야 합니다. 자기 자신에 대해서도 매일 새롭게 발견하면서 알아가고 이해하는 것이 중요합니다.

나는 다른 사람과 어떻게 다른지, 그 차이점의 장점과 단점은 무엇인지, 상대가 나와 다른 점은 무엇인지, 그것이 주는 좋은 점과 힘든 점은 무엇인지를 알아야 합니다. 가장 중요한 것은 우리가 상대를 이해하고 싶다고 말할 때 그 이해를 통해 상대를 바꾸고 싶어 하는 오류에 빠진다는 것입니다.

"남편과의 차이가 문제가 아니라, 그 차이를 대하는 본인의 수용력과 대처 능력이 부족한 게 문제입니다."

우리는 이해라는 명목으로 사람의 성격에 대해 공부하면서 가령 혈액형별 성격적 특성을 진단하고 분석합니다. 이를테면, "이 사람은 A형이라 소심해" "AB형이라 지랄 맞아" "B형이라 이기적이야"라고 배웁니다. 대체 뭘 하고 싶어서 그렇게 진단하고 이해하는 걸까요? 대부분은 "그건 틀렸어. 그러니까 너 그것 고쳐"라고 말하고 싶어서 그런 겁니다.

하지만 그런 지식은 오직 내가 상대방을 좀 더 사랑하고 도와주기 위해 사용할 때만 좋은 것이 되고 그 외에는 대체로 나쁜 것이 됩니다. 직장에서도 상사와 아랫사람의 성격이 비슷한 것보다는 다른 것이 조화를 이룰 때 시너지가 더 많이 납니다.

경험하지 않고 스스로 깨닫고 배우는 사람은 훌륭한 사람입니다. 남의 경험을 통해 배우는 사람은 두 번째 훌륭한 사람입니다. 자신의 경험을 통해 배우는 사람은 세 번째 훌륭한 사람입니다. 경험을 통해서 아무것도 배우지 못하는 사람은 ….

이 아내와 남편은 성격적 특성이 아주 다른 커플입니다. 결혼은 85% 다른 특성에 매력을 느껴서 하게 되지만, 실제 결혼생활을 해보면 그런 차이 때문에 미치겠다고 하죠. 그러나 그 차이 때문에 미치는 게 아니라, 그런 차이를 받아들이는 내 수용력이 부족하고, 나와 다른 행동적인 특성에 대처하는 내 대처력의 유연성이 부족하기 때문에 미치는 것입니다. 남편을 진심으로 이해하고 남편과 조화를 이뤄가기 위해 노력하지 않고, 남편을 이상한 사람이라고 매도해버리면 이 아내는 그런 자신의 태도 때문에 불행해져요.

이 아내가 미치겠는 것은 자신의 부족한 지식 때문이기도 해요. 가령 남자와 여자의 뇌가 어떻게 다른지에 대한 지식이 없는 것이죠.

'지구는 둥글다'는 사실을 들었는데도 "에이 어떻게 지구가 둥글어요. 그러고도 지구예요?"라고 네모난 지구에 대한 자신의 잘못된 지식을 고수하면 모든 것이 어려워지면서 미치게 되는 것처럼요. 이 아내는 남녀의 차이점을 이해할 필요가 있어요. 나아가 그 차이점에 적응할 필요가 있어요.

남자들은 멀티가 되지 않아서 한 번에 한 가지씩만 합니다. 현재 집중하고 있는 일이 끝날 때까지 중간에 들어온 정보는 잘 기억하지 못하죠. 또 남자들은 눈을 보면서 말하지 않은 정보는 잘 기억하지 못해요. 그리고 스트레스가 많으면 전두엽이 가장 먼저 마비되어 복잡한 질문에 대답하는 능력이나 문제해결 능력이 떨어집니다.

이 남편은 성격적 특성으로 유연하고 수용적이고 창의적인 면이 있어 보이지만, 디테일에는 약한 것 같습니다. 시간에 대해서도 대략적인 느낌만 있을 뿐, 세세한 정보를 전달하는 데는 부족해 보여요. 말보다는 그림이 편한 타입이고, 말보다는 행동에 주목해야 하는 타입입니다. 그리고 남자들은 일반적으로 행동과 결과로 보여주는 것들을 구체적인 언어로 표현하는 능력이 여자에 비해 떨어지죠.

"남편을 자식이나 부하직원 다루듯 하면 안 돼요."

이 아내는 체계적이고 계획적인 것이 장점인 반면, 옳고 그름에 대한 명확한 자기 고집이 있어요. 이 부분은 성장이 필요합니다. 그래서 예측되지 않은 상황이 발생하면 스트레스를 받는 거예요. 이분은 시간 약속과 효율성을 따지는 타입으로 가사, 육아 같은 집안일이나 회사 업무를 완벽하게 처리하려고 하는 경향이 있어요. 그리고 약속이 지켜지지 않는 것에 가장 많은 스트레스를 받는 것 같습니다. 그럴 때 배우자를 자식이나 부하 직원처럼 여기면서 잔소리를 하게 되죠.

이 아내는 남편의 성격이 자신에게 매력적이고 좋게 영향을 미치는 부분에 집중해야 해요. 왜냐하면 좋고 나쁜 성격이란 존재하지 않고, 오직 좋은 면과 성장이 필요한 면이 있을 뿐이기 때문입니다. 배우자의 좋은 면은 인정해주고, 본인에게 힘든 점은 바로 자신이 성장해야 할 포인트임을 받아들일 필요가 있어요.

아내는 또 유연성을 키워야 합니다. 본인이 잘하는 점과 남편이 잘하는 것이 같지 않음을 인정하고 본인이 잘하는 것은 본인이 처리하려는 자세가 필요한 것 같아요.

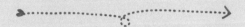

　결혼 후에 '속았다, 배우자가 변했다'라고 하소연하는 커플들이 많습니다. 그러나 '속았다, 변했다'라고 느끼는 원인은 배우자가 아니라 자기 자신에게 있습니다. 연애 때는 상대방의 관심과 애정을 얻기 위해 상대방의 관심사에 관심 있는 척하는 경향이 있어서 그렇습니다. 그래서 취향과 성향이 전혀 다른 커플일수록 속았다, 변했다는 느낌은 더욱 크게 다가오죠. 자신과 다른 상대의 선호와 특성을 유치하고 무식한 것으로 평가하는 그것이 더 유치하고 무식한 것임을 기억하세요.

**"남편의 무식함에 할 말을 잃어요.
이 남자한테 속아서 결혼한 걸까요?"**

남편에게 속아서 결혼한 게 아니라
자기 자신에게 속은 거예요

남편의 가벼운 말과 행동, 그리고 문화적인 소양이 없는 것에 실망이 큰 아내의
이야기입니다. 기본적인 상식도 없는 것처럼 굴 때가 많은 남편. 아내는 남편에
게 속아서 결혼한 것 같다고 이야기합니다.

Q_

저는 결혼 4년 차 주부이고 아이는 없어요. 아이가 없으면 남편과
친구처럼 다정하게 지낼 거라는 주변의 추측과는 달리 저는 남편과
하나부터 열까지 맞는 게 하나도 없어서 너무나 힘이 들어요. 남편
은 이른바 명문대를 나온 엘리트이고 회계사라는 전문직에 종사하
고 있어요. 똑똑한 사람 같지만 전혀 그렇지 않고 오히려 가끔씩 무
식한 소리를 해서 사람 기가 질리게 해요. 남편이 도박을 한다거나

바람을 핀다거나 폭력을 휘두르는 것은 아닌데 남편의 모든 행동, 말 한마디가 짜증이 나요.

신혼 때는 '서로 맞춰가느라 힘든 것'이라고 생각했던 부분들이 지금까지 하나도 변한 게 없어서 제가 더는 참지 못하게 된 것 같아요. 무엇보다도 남편의 가벼운 말과 행동이 너무 싫습니다. 특히 남들 앞에서 아무렇지 않게 이상한 소리를 할 때, 저는 쥐구멍에라도 숨고 싶은 심정이고, 제가 그런 사람의 아내라는 게 너무 비참해요. 예를 들면, 길에서 우연히 마주친 사람을 가리키며 크게 킬킬대며 "헤어스타일 진짜 웃긴다" "옷 색깔이 왜 저러냐?" 하며 다 들리게 떠들어서 절 난감하게 해요. 제발 목소리 좀 낮춰라, 예의가 아니라고 타이르면 농담인데 뭘 그렇게 진지하게 받아들이냐며 오히려 정색합니다.

저는 책을 좋아하고 전시회나 음악회 등 문화생활을 즐기는 것을 좋아하는데 남편은 그런 것에는 관심이 1도 없습니다. 함께 대화라도 하려고 하면 남편의 무식함에 할 말을 잃어요. 그래서 저희 부부가 하는 말은 "밥 먹자" "TV 보자" "자자" 같은 아주 간단한 대화뿐입니다.

그러다 보니 저도 모르게 자꾸만 남편을 무시하게 됩니다. 남편도 가끔 제가 자신을 무시한다고 느끼는지 벌컥 화를 내는 바람에 큰 싸움이 일어나기도 해요. 한 번은 내 친구가 말말끝에 "우리 가족들은 다 심드렁해"라고 말하자 남편이 깔깔대면서 사투리 쓴다고 막

놀리는 거예요. '심드렁'이라는 말을 사투리라고 잘못 알고 있는 거죠. 내 친구가 '심드렁'은 표준어라고 차분히 설명했지만, 남편이 어찌나 우기는지 옆에서 내가 부끄러워서 혼났어요. 남편은 늘 그런 식이에요.

도대체 저희는 연애 때 뭐가 좋아서 결혼했던 걸까요? 이렇게 살면 스트레스만 쌓일 것 같습니다. 남편과 죽마고우처럼 지내는 친구들이 부러워요. 저희 부부는 그렇게 될 수 없는 걸까요?

A_

"결혼 전에는 배우자에게서 쓸모 있던 것들이 결혼 뒤에는 쓸모없어져서 그런 거예요."

"결혼 전에는 두 눈을 뜨고 보고 결혼한 후에는 한쪽 눈을 감아라"라는 말이 있죠. 그런데 현실에서는 반대로, 결혼 전에는 자신이 만든 장밋빛 안경을 쓰고 보다가 결혼 후에는 그 안경을 벗고 찬찬히 상대를 살펴보기 시작합니다. 그리고 나서 하는 말이 있어요 "속았다.""변했다." 속았다와 변했다는 약간 다른 의미이지만 그렇게 느끼는 이유는 비슷합니다.

이 여성처럼 남편의 단점만 보이는 분들에게 저는 "연애할 때 뭐가 좋아서 결혼하셨어요?"라고 물어요. 그때 돌아오는 대답은 현재 단점으로 보이는 그 점이 좋아 보여서 결혼했다고들 해요. 그러나 결혼한 후에는 그 점 때문에 힘들기도 하고, 막상 결혼하고 나니 다른 부분이 중요한 것을 깨닫게 되는 경우가 있다고 해요. 그렇다면 속아서 결혼할 걸까요?

맞아요. 속은 것은 맞는데, 중요한 것은 무엇에 속았느냐 하는 것입니다. 이 여성은 남편에게 속아서 결혼한 것이 아니라 자기 자신에게 속았던 겁니다. 청년들이 주로 하는 질문 중에 "어떤 사람을 만나야 (내가) 행복해요?"가 있습니다. 그때 저는 대답 대신 이런 질문들을 합니다. "당신은 어떤 사람인가요?" "당신은 어떤 사람을 좋아하나요?"

세상에 좋은 물건이 수없이 많아도 내 취향, 내 선호, 내 관심이 어떠냐에 따라서 그 물건은 좋은 물건일 수도 있고 아닐 수도 있습니다. 물건의 장단점이 중요한 것이 아니라 '나'라는 사람이 어떤 점을 받아들일 수 있고 없고가 중요한 것이죠.

"저희는 연애시절 뭐가 좋아서 결혼했던 걸까요?"라고 아내분이 물으셨죠? 사람마다 결혼의 중요한 기준들이 몇 가지 있습니다. 외모, 직업, 직장인 경우가 대부분이고, 여성들의 경우에는 "나를 사랑하는가?" 하는 점을 중요하게 생각합니다. 이 아내분도 "나를 사랑하는가?" 하는 부분에서 남편의 성격에서 자신과 다른 점을 매력으로 느꼈을 가능성이 있어 보입니다.

이 아내는 내향적/직관적/사고형/판단형이고, 남편은 외향적/사고형/수용형입니다. 내향적인 사람은 외향적인 사람을 좋아하는데 그들의 장점에 끌려서 그렇습니다. 그런데 내향적인 사람들은 예의, 질서, 할 말 안 할 말, 말도 할 장소 안 할 장소, 이런 것을 따집니다. 자신의 마음을 표현하는 것에 대해서 신중한 편이고 자신이 생각할 때 쓸데없고 경박하고 가볍고 천박한 말과 행동을 싫어합니다. 하지만 그런 마음을 겉으로는 표현하지 않습니다. 내면에 자기만의 엄격한 판단과 틀을 가지고 있어서 다른 사람의 말이나 행동을 판단하면서도 그것을 잘 드러내지 않으며, 그렇게 드러내지 않는 점을 미덕이라고 여깁니다.

휴식이나 취미를 살펴봐도 내향적인 사람들은 약간 고상하다고 평가하는 취미를 가지고 있고, 외향적인 사람들은 활동적인 취미를 가지고 있습니다. 여기서 어려움은 결혼 전 데이트를 할 때는 자신이 중요하게 여기는 것을 솔직히 표현하기보다는 상대방으로부터 관심과 애정을 얻기 위해서 상대방의 관심사에 관심 있는 척하는 경우가 많다는 것입니다. 그래서 결혼 뒤에 상대에게 속았다고 생각하는데 사실은 내가 상대의 관심사에 별 관심이 없던 경우도 허다합니다.

"두 분은 연애할 때 상대의 관심사에 관심 있는 척했을 뿐이고 실은 전혀 관심이 없었던 거예요."

아내분께 묻겠습니다. 남편이 본인의 관심사에 관심이 없는 사실을 언제쯤 알았나요? 아내분은 남편의 관심사가 무엇인지 관심이 있나요? 서로 관심 분야가 다를 때는 공통의 관심사를 찾으려는 노력을 해야 합니다. 연애 때 미처 생각하지 못했지만, 결혼한 뒤에야 자신이 원래 기본이라고 여겼거나 로망이었거나 다른 중요한 욕구들이 발견되는 것은 자연스럽습니다. 결혼을 통해 충족하기를 바라는 중요한 욕구 중에서 이 아내분이 뒤늦게 발견한 자신의 욕구는 무엇이었을까요?

여기서 한 가지 본질적인 질문을 던지겠습니다. 사람들은 왜 결혼을 할까요? 사귀다가 같이 있고 싶고, 재미가 있어서, 그래서 함께 오래 그 재미를 공유하고 싶어서 일상까지 공유하기로 하는 것이 결혼이죠. 이분은 남편과 죽마고우처럼 지내고 싶다고 하셨는데, 죽마고우란 무엇인가요? 어려서 대나무 말을 타고 놀던 오랜 친구라는 뜻이죠. 그렇다면 이분께 묻겠습니다. 과연 연애 때 하던 데이트를 결혼해서 4년간 꾸준히 해왔나요? 이쯤에서 아이가 있는 분들은 "데이트가 뭐예요?"라고 질문하겠죠. 이 두 분이 죽마고우처럼 친해지려면 무엇을 하면 좋을까요?

이 여성분은 본인의 기준에서 자신이 남편보다 지식이나 문화 수준에서 더 유식하다고 느끼기 때문에 이렇게 비유해볼게요. 전교 1등과 전교 꼴등이 친구가 될 수 있을까요? 두 사람이 죽마고우가 되려면 어떻게 해야 할까요?

사람은 시간을 함께하고 활동을 공유해야 친해집니다. 그리고 가장 중요한 것은 원초적인 감정이 나눠져야 합니다. 뭘 하고 놀면 재미있나요? 여자들은 함께 이야기를 하면 재미있고 남자들은 활동을 해야 재미있다고 합니다. 그런데 남자와 여자가 공유하면 친해지는 말이 있습니다. 바로 자신의 감정과 욕구에 관한 이야기입니다.

"부부가 함께 즐길 재미있는 놀이를 찾아보세요."

이 아내에게 남편의 단점만 보이는 것은 아내의 기분이 나빠서 그래요. 그동안 마음이 불편한 것을 너무 오래 참아왔어요. 그렇게 참아온 감정을 말로 표현하면서 털어내 보세요. 혼자 하는 방법은 글로 적어보거나 잘 공감해줄 여자 사람들에게 감정을 표현하는 것이 있어요. 혼자서 또는 친구들과 재미있는 활동을 하면서 기분을 전환하는 것도 좋은 방법이에요.

다음의 체크리스트를 점검해보세요.

▷ 남편과 현재 데이트를 하고 있나요?
▷ 살면서 가장 좋았던 데이트는 무엇이었나요?
▷ 앞으로 해보고 싶은 데이트는 무엇인가요?
▷ 아내가 좋아하는 데이트는 무엇인가요?
▷ 남편이 좋아하는 데이트는 무엇인가요?

데이트의 목적은 첫째 함께함이고, 둘째 재미예요. 따라서 둘이 함께 재미있는 활동을 찾는 것이 중요하죠. 그런 활동을 하고 난 후 감사함과 좋았던 것을 표현하는 것도 중요하고요. 하루에 한 가지 이상씩 자기 자신과 남편을 칭찬하고 감사한 점을 찾아서 말해보세요. 그래야 뇌가 부정적인 감정에서 벗어나 긍정의 뇌로 변화되고 남편의 좋은 점이 발견돼요.

지식을 나누는 대화는 그 분야에 관심 있는 사람들과 하는 것이고 친구들끼리 친해지려면 감정을 나누는 대화가 필요해요.

끝으로 성관계를 잘하고 있는지도 중요해요. 남자와 여자의 놀이 중에 스킨십과 성관계가 있는데, 사람들이 이를 등한시하는 경향이 있어요. 손을 잡고 팔짱을 끼고 허깅을 하는 작은 행동부터 시작해보세요. 그런 원초적인 감정들이 몸을 통해서 전달돼야 윤활유가 생겨서 함께 있는 것이 즐거워집니다.

여기에 한 가지 더. 나와 다른 상대의 선호와 특성을 유치하고 무식한 것으로 평가하는 그것이 사실은 유치한 것이고, 죄송하지만 무식한 거예요. 사람의 성향, 태도, 특성 등은 단지 다를 뿐이지 수준이 높고 낮은 서열이 있지 않아요. 그냥 자신이 우월하고 싶은 사람들이 그런 서열을 만든 것일 뿐이죠. 여자들이 흔히 남자를 보면서 '유치하네' '어쩌네' 하는 것은 사실 여성들이 감정적으로 비교적 복잡한 측면이 있어서이기도 하지만, 그저 취향의 차이일 뿐 그 이상도 이하도 아닙니다.

취향의 다름을 존중해주세요. 차이를 다루는 내 태도를 점검하세요. '내가 평가하면서 구분 짓고 비교하는 사람이구나'를 깨닫지 못하면 남편과의 관계를 좋게 만들어갈 수 없습니다.

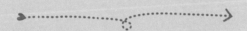

부부싸움을 할 때 두 사람 모두 감정만 앞세워 극단적인 말을 하고 마음에도 없는 소리로 상처주고 물리적 폭력을 가하면서 파국으로 치닫는 경우가 있습니다. 나중에는 왜 싸웠는지 싸움의 이유도 기억나지 않습니다. 의사소통 방식이나 서로를 대하는 태도, 갈등 해결 방식이 너무나 똑같아서, 서로 지지 않으려다 보니 그렇습니다. 결혼 전에 있었던 관계의 문제가 결혼하면 저절로 사라질 거라는 생각은 착각입니다. 중요한 것은 결혼 전 두 사람의 관계에서 갈등이 발생했을 때 그것을 어떻게 다루었나 하는 겁니다. 갈등을 통해 오히려 관계가 더욱 돈독해지는 방식을 배우기를 바랍니다.

"끝까지 복종을 바라는 남편, 육탄전까지 벌이는 우리 부부…
헤어지는 게 맞겠죠?"

본인은 할 만큼 했고 남편 때문에
헤어지는 것이 맞다는 걸
증명해달라는 소리죠?

결혼 2년 차 동갑내기 신혼부부. 알콩달콩해야 할 신혼이지만, 어느 쪽도 존중하는 태도 없이 함부로 이야기하고 여기에 감정적으로 반응하면서 몸싸움으로 번지는 일이 자주 발생합니다. 며칠 전 헤어지자고 말하고 남편을 쫓아낸 아내의 이야기를 한번 들어보겠습니다.

Q_

저는 20대 후반으로 남편과 동갑인 결혼 2년 차 아내예요. 둘 다 직장생활하고 있고 아이는 없는데 신혼 초부터 매일 싸우느라 감정 소모가 너무 많아요. 요즘은 이혼까지 생각할 정도로 심각해요. 남편은 저한테 '야!' '너!'라고 부르며 말을 함부로 하고 본인이 잘못하고도 '미안하다' 소리는 절대 안 해요. 그러나 자기가 사과받을 일이 있으면, "야! 얼른 사과해! 잘못했다 그래!"라며 윽박질러요. 항상 남편은 저를 복종시키려고 해요. 걸핏하면 "끝내!" "이 집에서 당장 나가!"라고 말해요.

사실 결혼 준비하면서부터 우리 둘은 많이 싸웠어요. 둘 다 일하면서 바쁜 시간 쪼개 결혼 준비하느라 예민해져서 그러려니 했고 결혼하면 다 해결될 줄 알았어요. 서로 많이 좋아했으니까요. 결혼 직후 잠깐 행복한 나날들이 이어졌지만, 그리 오래 가지는 않았어요. 언제부턴가 늘 사소한 싸움으로 시작돼 심하면 육탄전으로 이어졌어요. 그것이 우리의 일상이 된 지 오래예요. 나중에는 왜 싸웠는지 싸움의 이유도 기억나지 않는 게 대부분이에요. 그러다 결국, 엊그저께는 제가 더는 참을 수 없어서 남편을 짐 싸 가지고 내보냈습니다. 사소한 싸움이 크게 번져 심한 말을 주고받고 길거리에서 대판 싸움을 했거든요. 집으로 돌아오는 중에 남편이 전화를 걸어 욕을 하길래 전화를 끊어버렸어요. 그 후에 계속해서 전화가 왔지만 받지 않고 집에 돌아와 혼자 잤습니다.

나중에 남편이 들어와서 자고 있는 절 깨우며 "야! 이 XX야! 남편한테, 너 뭐 하는 짓이야?"라는 거예요. 전 너무 황당해서 아무런 대꾸도 하지 않고 그냥 무시하고는 이불 뒤집어쓰고 누워버렸어요. 그랬더니 남편이 방문을 쾅 닫고 나가더군요. 전 이때다 싶어서 방문을 잠가버렸어요. 잠시 후 밖에선 남편이 미친 듯이 방문을 두드리다가 결국 보조키를 가져와 열고는 그때부터 본격적으로 싸움이 시작됐어요. 서로 때리고 밀고 발로 차고… 저는 정말 생명의 위협까지 느꼈습니다.

저는 그다음 날 아침 출근길에 짐 싸서 남편을 아예 내보냈습니다. 더는 이렇게 싸우면서 못 살 것 같다고 말했어요. 우리는 신혼이지만, 남편이 매일 바빠서 함께 식사다운 식사도 제대로 해보지 못했어요. 남편의 말과 행동에서 저를 배려하는 느낌은 1도 없었고요.

우리는 이대로 헤어지는 게 맞겠죠? 남편도 오늘 아침 톡으로 헤어지자고 하네요.

A_

"제가 헤어지라고 하면 헤어지실 겁니까? 정말 헤어지고 싶습니까?"

헤어지는 게 맞고 틀린 것은 없습니다만, 이렇게 두면 두 분은 100%로 헤어질 것 같습니다. 왜냐하면 남편과 아내의 의사소통 방식, 서로를 존중하는 태도, 갈등 해결 방식이 너무나 똑같이 감정적이기 때문입니다. 마음을 상하게 하는 의사소통 방식 중에서 책임을 전가하는 태도가 특히 두드려져 보입니다. 화가 났을 때 상대방을 탓하지 말고 자신의 감정을 추스르고 원하는 것을 표현하는 법을 배우셔야 합니다. 그렇지 않고, 지금처럼 감정만 앞세우면서 '헤어져' '이혼해' 같은 말을 아무렇게나 뱉고, 물리적 폭력으로까지 간다면 결국 진흙탕 싸움만 됩니다.

많은 부부들이 "우리 이렇게 헤어지는 게 맞나요?"라고 묻습니다. 그 질문 이면에는 이런 의미가 담긴 경우가 많아요.

"나는 할 만큼 했으나 상대방은 자기 잘못을 모르고 있어요. 그런 상대방 때문에 헤어지는 거라는 걸 전문가인 당신이 증명해주세요."

이 아내분도 같은 심정인 것 같아요.

남편이 아내를 복종시키려고 한다고 말씀하셨는데, 그것은 어디까지나 아내의 해석이고 느낌일 뿐입니다. 그런 느낌 뒤에는 지지 않으려는 마음이 있습니다. 왜 싸우는지 이유조차 잊어버렸다는 말이 그 증거입니다. 합당한 이유 없이 감정적으로만 반응하고 있다는 소리이죠.

"헤어질 때 헤어지더라도 왜 헤어지는 줄은 알아야 다시 화해를 하거나, 다른 사람을 만나도 잘 살게 되지 않을까요?"

결혼을 앞둔 남녀가 흔히 하는 근거 없는 낙관 중에 이런 게 있어요. 이 부부가 그랬던 것처럼 '결혼 전에 많이 싸운 것은 결혼 준비로 서로 예민해져서 그런 것이지, 결혼식을 하고 나면 스트레스가 사라져서 싸우지 않을 것'이라는 생각. 결혼 전의 의사소통 방식과 태도, 갈등을 해결하는 방식 등은 결혼만 하면 저절로 달라질까요? 결혼 전에 나빴던 방식이 결혼하게 되면 그냥 자연스럽게 좋아질까요?

결혼 준비로 예민해졌던 두 사람은 결혼만 하면 저절로 편안해질까요?

아닙니다.

사실 결혼 준비하면서 싸우는 것은 지극히 자연스럽고 당연한 일입니다. 중요한 것은 그때마다 갈등이 두 사람 관계를 더욱 돈독히 해주고 신뢰를 구축해주었나 하는 것입니다. 둘이 좀 더 가까워지는 방식으로 그 갈등이 해결되었나 하는 것이 진짜 중요한 문제입니다. 이 부부는 그렇지 않은 듯합니다.

그렇다면 어떻게 해야 할까요?

이 부부는 화가 났을 때 타임아웃(Time-out)을 가질 필요가 있어요. 다음의 방식대로 타임아웃을 가지세요.

우선, 자신에게 타임아웃이 필요한 신호를 파악하세요.

주먹이 꽉 쥐어지고 얼굴이 빨개졌나요? 숨이 잘 쉬어지지 않나요? 소리를 지르고 싶거나 무언가를 집어 던지고 싶나요? 상대방이 보이는 격렬한 반응에 몸이 얼어붙거나 두려워 떨고 있나요? 그것이 무엇이든 상대방과 건설적인 대화가 어려운 상황에 나타나는 자기 자신의 신호를 인식하세요.

다음으로, 타임아웃을 요청합니다. 이렇게 하세요.

"너무 화가 나서 지금은 말하지 않는 게 좋겠어. 타임아웃이 필요해. 잠깐 진정하고 생각할 수 있게 한 시간만 줄래?"라고 말합니다. 타임아웃은 자기 자신을 위해 요청한다는 사실을 기억하세요. 가끔은 상대를 위해 "타임아웃을 가지는 게 좋겠어"라고 말하는 게 도움이 될 수도 있습니다.

그런데 타임아웃을 요청해야 할 순간에 말이 잘 나오지 않을 수도 있어요. 이럴 때는 평소에 타임아웃이 필요한 순간을 알릴 수 있는 몸동작이나 활자 같은 비언어적인 방법을 미리 마련해두고 공유하는 것도 도움이 됩니다. 가령 종이에 "타임아웃"이라 써서 냉장고에 붙여두고는 말이 잘 나오지 않을 정도로 흥분한 경우 그 종이를 손가락으로 가리키는 것입니다.

"부부는 한 팀입니다. 부부 갈등은 두 사람 모두 동의하는 방법으로 해결해야 합니다."

타임아웃 시간은 어떻게 보내야 할까요?

먼저, 긴장을 풀고 진정합니다. 숨을 깊게 들이쉬고 스트레칭을 하거나 걷거나 샤워를 합니다. 일기를 쓰거나 책을 읽거나 기도를 하거나 동영상을 보는 것도 좋은 방법입니다. 발바닥을 땅에 붙인 느낌을 느끼고 몸의 감각에 집중해보세요. 그 밖에 긴장이 풀리고 감정적으로 이완될 만한 일을 하세요. 당신은 어떨 때 긴장이 풀리나요?

이어서, 무엇이 중요한지 떠올려보세요. 대화를 어렵게 하는 생각이나 감정을 찾아내기 바랍니다. '나 전달법'을 통해 내 생각과 느낌을 전달하고, 상대방이 어떻게 해주었으면 좋은지를 이야기한 다음,

차분히 시간을 내어 상대방의 요점이 무엇이었는지를 찬찬히 생각해보세요. 부부가 한 팀이라는 사실을 기억하시고, 두 분 모두가 동의하는 방법으로 문제를 해결해야만 부부관계가 좋아진다는 사실을 명심하십시오.

타임아웃을 마쳤다면, 다시 대화를 진행하세요. 긍정적이고 적극적인 경청으로 서로가 원하는 것을 이야기하고 그것이 이루어질 방법을 고민하면서 문제를 해결하세요. 좀 더 건설적인 대화를 할 수 있을 때 다시 이야기하겠다는 약속을 존중하기 바랍니다.

커플끼리 갈등이 생기는 것은 당연합니다. 문제는 갈등을 건강하게 다루느냐, 건강하지 않게 다루느냐, 입니다. 갈등을 건강하게 다루려면, 갈등에서 비롯된 분노를 남녀가 어떤 식으로 표출하는지 이해할 필요가 있습니다. 남자는 화가 나면 전두엽이 마비돼 말도 생각도 못하는 멘붕 상태로 3일을 갑니다. 그러나 사랑하는 마음은 여전합니다. 반면 여자는 화가 나면 사랑하는 뇌가 마비되어 오히려 사랑과 돌봄이 필요하게 됩니다. 그래서 헤어지자는 극단적인 말을 쉽게 합니다. 남자의 침묵과 거리 두기는 여자에게 '버려짐'을 의미하고, 여자의 극단적인 말은 남자에게 '무능력'을 의미합니다.

**"싸우기만 하면 집 나가는 남편… 애 때문에 이혼하는 것도
망설여지고 계속 이렇게 살아야 할까요?"**

싸울 때 여자는 극단적인 말을 쉽게 하는데, 남편에게는 그게 치명적이에요

결혼 6년째 매번 부부싸움 뒤 집을 나가는 남편 때문에 이혼까지 고민하고 있지만 아이들 때문에 망설이는 아내입니다. 사소한 일로 하루이틀 집을 나가서 연락을 끊을 때마다 아내가 먼저 연락하고 설득했던 것이 이제는 한 달째 연락도 없이 돌아오지 않고 있습니다.

갈등에 대해서 우리가 꼭 이해해야 할 한 가지. 사랑하는 사이에도 갈등이 있다는 사실입니다. 갈등은 원래 전화위복의 기회입니다. 5만 쌍의 부부들을 대상으로 한 연구에서 행복한 부부와 불행한 부부를 구별하는 가장 중요한 항목은 문제를 논의할 때 상대방의 감정을 이해하는가, 이해하지 못하는가였습니다. 즉 공감하느냐, 아니냐로 행복한 부부, 불행한 부부가 판가름납니다.

행복한 관계에 있는 커플일수록 첫째, 파트너에게 자신이 이해되

고 있다는 느낌을 많이 받고, 의견 차이가 있을 때에도 자신의 느낌이나 의견 등을 함께 나눌 수 있다고 생각합니다. 둘째, 행복한 커플은 서로의 다름을 극복하고 갈등을 해결하는 과정에서 합의를 잘이끌어냅니다. 끝으로, 행복한 커플은 의견의 불일치를 진지하게 받아들입니다. 인간관계에서 피할 수 없는 갈등을 건강한 방법으로 다루면 관계가 더욱 강해지지만, 잘못된 방법으로 다루면 관계가 무너질 수 있습니다.

현재 심각한 갈등 상태인 한 부부 이야기를 해보겠습니다. 아내분이 상담 신청한 내용인데요. 남편이 부부싸움만 하면 집을 나가는데, 6년째 그렇답니다.

"신혼 때 심하게 부부싸움을 했는데 남편이 집을 나갔어요. 저는 너무 화가 나서 현관문을 잠가버렸죠. 남편이 '미안하다, 열어달라'라고 할 줄 알았던 거예요. 근데 남편은 그냥 차에서 자고 오더라고요. 그때가 처음이었어요. 그다음부터 남편은 그냥 당연하다는 듯이 집을 나갔어요. 짧으면 하룻밤, 길면 한 달 동안 집에 들어오지 않아요. 남편은 일단 집을 나가면 전화도 안 받고 문자를 해도 답이 없어요. 제가 미친 듯이 전화하고 톡을 해야만 겨우 연락이 닿아 집에 들어오죠. 남편이 집을 나가면 처음에는 저도 너무 화가 나서 '언제까지 저러나' 지켜만 보고 있다가, 애들 때문에 급한 일이 생겨서 결국 포기하고 연락하게 돼요. 계속 이렇게

남편이 올 때까지 기다려야 할지, 제가 늘 사정하듯 연락해야 할
지 어떡하면 좋을까요? 저는 이혼까지 생각하고 있습니다."

계속 이렇게 남편이 올 때까지 기다려야 할지, 아내분이 늘 그렇듯
먼저 연락해야 하는 것인지, 어떡하면 좋은지를 물으셨는데, 왜 그게
궁금할까요? 아내분은 일단 화를 가라앉히고 자신이 왜 그것이 궁
금한지를 잘 생각해볼 필요가 있어요.

"아내분이 정말 이혼을 원하는 것 같지는 않아요."

부부는 싸울 때 이 싸움의 목적은 무엇인가, 내가 이 싸움을 통해
서 얻고자 하는 것은 무엇인가를 알고 싸울 필요가 있어요. 본인이
하는 말이나 행동이 본인이 얻고자 하는 것을 얻는 데 도움이 되는
효과적인 방법인가 아닌가? 를 따져보셔야 해요. 싸울 때 하는 말이
나 행동은 자신이 원하는 행동을 상대방에게서 유도할 목적으로 하
는 것이기도 합니다.

"사실 우리 사이가 항상 나쁜 것은 아니에요. 저녁까지 잘 지내다
가도 밤에 싸우면 남편은 그 길로 나가서는 한동안 안 들어오니
이거야 원⋯. 도무지 어떻게 해야 할지 모르겠어요. 얼마 전에 남
편이 집을 나갔는데 제 몸에 이상이 있어서 병원에 갔다가 암 검

사를 했거든요. 병원 다녀와서 암 검사했다고 문자 보내고 전화해도 연락이 되지 않았어요. 검사 결과를 기다리는 일주일 동안 저 혼자 얼마나 가슴을 졸였는지 몰라요. '남편에게 버림받았다' '나는 혼자다'라는 생각에 사무치게 힘들었어요. 지금은 제 마음의 상처가 많아서 한 달간 연락하지 않고 지내고 있어요. 아이들 생각하면 이혼도 못 하겠고… 또 제가 미친 듯이 연락하는 게 맞는 걸까요?"

이혼이란 두 사람의 관계가 멀어지는 거예요. 정말 이혼을 원한다면, 내가 하는 말과 행동으로 인해 상대가 받을 영향에 대해 고려하지 않게 됩니다(물론, 상대에게 고통을 주기 위해 이혼을 선택하는 사람도 있지만 말이죠). 아내분은 부부의 갈등 상황(남편이 집을 나가 안 들어오는 것)에 대해 왜 그런지 이해하고 싶어 하고 있어요. 그런 의미에서 진심으로 이혼을 바라는 것 같지는 않습니다.

이 부부뿐만 아니라, 커플들은 커플의 갈등 상황이 얼마나 되는지 점검해볼 필요가 있어요. 가급적 커플이 함께 체크해보는 것이 좋습니다.

1. 한 사람이 전적으로 문제에 대한 책임을 지나요? Yes or No
2. 배우자와의 갈등을 의도적으로 피하려고 하나요? Yes or No
3. 문제를 해결하는 방식이 서로 다른가요? Yes or No

4. 부부의 차이를 서로 공감하거나 이해하지 못해 해결하지 못할 것으로 인식하나요? Yes or No

5. 사소한 문제로 시작해서 심각한 싸움으로 번질 때가 많나요? Yes or No

Yes가 No보다 많으면 부부 스스로 갈등을 해결하는 능력에 문제가 있다는 신호예요. 갈등은 인간관계에서 피할 수 없는 자연스러운 것이죠. 문제는 그 갈등을 건강하게 푸느냐, 잘못된 방법으로 푸느냐, 에 있어요.

"화가 났을 때 여자들의 극단적인 말이나 화난 얼굴은 남자들에게는 자신의 무능력을 의미하며 치명적으로 작용해요."

갈등에 대한 태도뿐 아니라 갈등 과정에서 나타나는 분노와 분노한 상태에서 보이는 남녀의 반응 차이를 이해하지 못하면 상대방의 행동을 오해하거나 잘못 해석해 두 사람의 친밀감에 영향을 줍니다. 남자가 화날 때 여자가 화날 때 어떤 반응적 특성이 있는지 이해할 필요가 있습니다.

남자는 화가 날 때 전두엽이 마비되어 멘붕 상태가 3일간 계속되어 말과 생각을 할 수 없게 됩니다. 그러나 여전히 사랑하고는 있습니다. 반면 여자는 화가 나면 사랑하는 뇌가 마비됩니다. 그래서 사랑하지 않고 오히려 사랑받아야 합니다. 화가 나면 여자는 관계를 끝내는 극단적인 말이나 반응을 쉽게 합니다. 다만 이런 상태가 풀리는 데는 30분밖에 걸리지 않습니다.

남자의 침묵과 거리두기는 여자에게 '버려짐'을 의미합니다. 그리고 여자는 이를 자신의 존재가 소중하지 않고 무가치한 것으로 해석합니다(그것이 여자에게는 가장 큰 버튼입니다). 반면, 여자의 극단적인 말과 화난 표정은 남성에게는 '무능력'을 의미합니다. 자신의 무능력이 사랑하는 여자를 지속적으로 불행하게 만들고 있고 이것이 끝나지 않을 것이라 해석되면서 여자의 헤어지자는 말이 큰 상처가 됩니다. 이것이 남자에게는 진짜 버려짐을 의미하고 남자는 이를 진지하게 고민합니다.

이런 악순환의 고리를 끊지 않으면 두 사람의 친밀함에는 거리가 생깁니다. 이때 가장 중요한 것이 갈등의 악순환을 파악하는 것이죠. 부부는 싸울 때 감정을 공격하고 방어하는 상호작용 가운데 갈등의 악순환에 빠지게 됩니다. 갈등의 주제가 변해도 악순환은 되풀이됩니다.

그래서 남자와 여자의 버튼을 이해할 필요가 있습니다. "너는 제대로 하는 일이 없어." "네가 뭐 하는 사람이든 나는 너를 인정하지 않아." 이런 메시지는 남성에게 매우 치명적입니다. 그것이 남자의 버튼입니다. 그런 말을 듣고 그런 느낌을 받게 되면 남자는 자신의 가치를 방어할 필요가 있게 되면서 방어적이 됩니다. 방어의 방식으로는 도망, 공격, 무시 등이 있습니다. 이 남편이 집을 나가는 것은 도망치는 방어 반응입니다.

여자의 버튼은 자신의 가치나 보살핌, 사랑에 관한 것입니다. "나는 너한테 관심 없어." "너는 무가치한 존재야." "너는 사랑스럽지 않아." 이런 메시지나 행동을 보면 여자는 자신의 가치 수준부터 흔들려 자신을 방어하게 됩니다. 이 남편이 먼저 연락하지 않는 것, 자신을 혼자 두는 것이 그런 의미로 해석됩니다.

"'아이 때문에 연락한다'는 건 거짓말. '당신과 잘 지내고 싶어'라고 말하세요."

그럼 어떻게 해야 할까요?

(1) 연약함을 드러낼 수 있도록 힘을 키우세요

자신이 진짜로 원하고 두려워하는 것이 무엇인지를 알고 표현해야 해요. 여자들이 자존심 상해하는 것은 이분처럼 자신이 더 많이 사랑하는 것 같은 느낌 때문입니다. 자신은 상대방 없으면 살 수 없는 사람이란 걸 여자들은 웬만하면 표현하지 않습니다. 그래서 여자는 남자에게 "아이 때문에 연락한다"라고 아이 핑계를 대기도 하는 겁니다.

여자는 자신이 버려져서 가치 없는 존재가 되는 것에 대한 두려움이 있습니다. 그런 두려움이 있으면 자신이 붙잡은 관계가 치욕스럽게 여겨지죠. 하지만 그렇지 않아요. 갈등은 대부분 내가 당연히 받을 사랑이 있다는 듯한 태도를 견지할수록 더 악화됩니다. 이분이 집 나간 남편에게 "미친 듯이 연락한다"고 하셨는데, 연락할 때 어떤 말을 하는지가 중요합니다. "나는 너 없이 못 살아" 같은 말을 하는지, 아니면 "네가 그러고도 사람이냐?"라고 하는지. "아이 때문에 연락한다"처럼 아이 핑계 대지 마시고 전자처럼 솔직한 마음을 드러낼 수 있어야 합니다.

(2) 상대도 연약하다는 것을 공감할 필요가 있어요

공감이 어려운 이유는 나만 상처받았다고 여겨서 그래요. 공감의 과정에서 상대의 감정을 이해하는 것이 필요한데, 우선 자신의 느낌과 감정을 알고 말하고 떠올리는 것에 부담을 느끼지 않아야 합니다. 그런데 많은 사람이 '자신의 느낌과 감정'을 잘 모릅니다. 내 안에 존재하는 실망과 분노 사이의 미묘하고도 중요한 차이를 알아차리지 못하면, 상대의 실망과 분노도 이해하기 어렵습니다.

자신의 두려움을 알아차리지 못하는데 타인의 두려움을 알아차리고 공감하기는 더욱 어렵죠. 감정을 알아차리기란 원래 어렵고 정확히 명명하기는 더욱 어렵습니다. 이 아내분은 "나는 버려진 것 같은 마음이 들었다"라고 표현하고 있는데 자기 감정을 표현할 수 있다는 것은 정말 다행입니다. '버림받은'은 감정은 아니지만, 버려졌다는 생각이 들면 느낌이 어떨까요? 서운하고 속상하고 슬프고 외롭습니다. 이는 무엇을 의미하는 감정일까요? 상대가 필요하다는 뜻입니다. 그런 마음이 표현되려면 '아이 때문에 어쩔 수 없이 연락'해서는 안 되고 '내가 당신과 앞으로 잘 살아가고 싶다'는 마음을 표현하고 '당신은 어떤지' 용기를 내서 물어야 합니다.

(3) 만나서 진지하게 이야기를 나눠야 해요

감정싸움 말고 서로의 진실한 감정을 이야기해야 합니다. 6년째 이런 과정을 반복한다고 하셨는데, 이분들에겐 시간이 필요해요. 자신의 진짜 마음과 감정을 표현하는 것을 배울 시간이요.

부부 갈등에서 가장 많이 듣는 말이 성격 차이인 것 같습니다. 성격적 특성이 다른 사람에게 매력을 느껴 결혼하는 비율이 월등히 높은 만큼 부부 성격에 차이가 있는 것은 당연한 일인지도 모르겠네요. 중요한 건 성격 차이가 아니라 서로의 차이를 인정하고 수용하는 태도입니다. 이를 위해 상대의 성격은 바뀌지 않는다는 것을 인정하는 태도, 그리고 의사소통 능력과 갈등 해결 능력이 중요합니다. 의사소통 능력에 포함되는 중요한 것이 자기주장 능력인데요, 이는 갈등 해결 능력의 중요한 전제 조건이기도 합니다.

> **"순둥이인 저, 다혈질 아내 때문에 숨죽여 살아요.**
> **다들 이렇게 사나요?"**

순둥이, 다혈질 둘 다 자기주장 능력이
떨어진 분들이에요

결혼 3년째 성격이 불같은 아내 때문에 숨죽여 아내 눈치만 보며 산다는 남편의 이야기입니다. 이분은 아내와 정반대로 성격이 순하다고 하는데요. 남들도 다 자기처럼 아내 눈치만 보며 사는지 궁금하다고 해요.

Q_

저는 제 성격과 정반대인 아내 때문에 요즘 많이 힘들어요. 저는 아주 순한 성격이고 아내는 다혈질이에요. 결혼 전에는 화끈한 아내의 성격이 멋져 보였는지 몰라도, 아무튼 저한테 없는 모습에 반해 아내와 결혼했어요. 저는 순하다 못해 조금 소심해서 남에게 싫은 소리 못 하고 화도 잘 안 냅니다. 항상 다른 사람의 기분을 먼저 살피는 편이고 매사 신중하게 행동하죠. 그래서 할 말은 하고 감정 표현에 솔직한 아내가 좋아 보였던 것 같아요.

그런데 결혼 3년 차인 지금, 성격이 정반대인 아내와 사는 게 결코 쉽지 않아요. 예를 들어, 아내가 외식하러 가자고 하는데 제가 피곤해서 거절하면 아내는 폭발합니다. 가방도 집어던지고 막 화를 내요. 방문 쾅 닫고 들어가서는 문을 잠가버리죠. 제가 집을 어지르거나 더럽혀도 불같이 화를 내며 짜증 섞인 목소리로 잔소리를 늘어놓습니다. 아무튼 본인 마음에 들지 않는다 싶으면 바로 화를 내요.

아내는 사실 화내지 않을 땐 정말 차분하고 상냥한 사람이에요. 그래서 저는 정말 헷갈려요. 내가 정말 큰 잘못을 했는데 인지하지 못해서 아내가 화를 내는 건지, 아니면 아내가 어디 아픈 건지. 저는 그저 숨죽여 아내의 눈치만 보고 있어요. 다른 사람들도 다 이렇게 사나요?

A_

"성격 차이가 있다고 다들 그렇게 살아야 하는 건 아니에요."

연예인들 이혼 사유로 가장 많이 거론되는 것이 '성격 차이'가 아닌가 싶어요. 결혼할 때 성격적 특성이 비슷한 사람보다는 다른 사람에게 매력을 느껴 결혼하는 비율이 85%에 이른다고 하니 부부가 성격 차이를 느끼는 것은 어찌 보면 당연한 일입니다. 결혼생활 7년 차까지는 부부의 성격 차이를 어떻게 대할 것인가 하는 것이 행복한 부부로 사느냐, 정서적으로 거리가 있는 부부로 사느냐의 갈림길이 될 만큼 중요한 문제입니다.

성격 차이보다 더 중요한 문제는 서로의 차이를 인정하고 수용하는 태도예요. 차이는 바뀌지 않아요. 배우자의 성격은 바뀌지 않는다는 것을 인정하는 것이 가장 중요해요. 그다음 중요한 것이 의사소통과 갈등 해결입니다.

"순둥이, 다혈질 둘 다 자기주장 능력이 부족해서 나타나는 특성이에요."

이 남편분은 부부 성격이 정반대라고 하셨는데, 두 분 다 자기주장 능력에 어려움이 있으신 것 같아요. 자기주장 능력은 건강한 의사소통을 위해 필수이죠. 자기주장 능력이란 뭘까요? 자기 고집대로 한다는 의미는 전혀 아니고, 자신의 진솔한 감정을 언어로 표현하고 자신이 원하는 바를 요청하고 요구하는 능력을 뜻해요.

순둥이와 다혈질 둘 다 자기주장 능력이 부족해서 나타나는 특성이에요. 둘 다 관계의 역동성에서 자기주장을 잘하지 못하고 상대방 눈치를 살피고 갈등이 두려워 문제를 회피하는 성격에 가깝죠. 상대방의 거절을 잘 받아들이지 못하고 상대에게 맞춰주려는 특성을 가지고 있는 이런 성격(파트너 지배성)은 건강하지 못한 관계를 만들어냅니다.

남의 눈치를 보는 남편은 "나, 당신이 그렇게 화를 내면 힘들어, 무서워"라고 솔직한 감정 표현을 못하고 있고, "그렇게 폭발적으로 화를 표현하지 말고 당신이 원하는 걸 말해주면 좋겠어"라고 자신이 원하는 것을 분명하게 요청하는 능력이 떨어져 있습니다.

아내는 평소에는 차분하고 다정하다가 자신이 원하는 대로 되지 않으면 욱하고 화를 낸다고 했는데, 아내도 남편처럼 평소에는 남편의 눈치를 보고 남편 비위를 맞춰주었을 가능성이 커요. 그렇게 참다 참다가 남편에게서 거절당하면 그동안 참았던 감정을 폭발적으로 표현하는 성격인 듯해요. 자신이 진짜 원하는 것을 언어로는 표현하지 못하면서요.

"두 분 다 공감 능력은 있습니다. 욱하는 성격을 고치려면 기분 좋은 시간을 많이 가지고 잘 활용할 필요가 있어요."

이 부부가 지금의 상황을 극복하려면 어떻게 해야 할까요? 우선, 두 분은 서로 기분이 좋아질 활동을 많이 하실 필요가 있어요. 서로 기분이 좋을 때 서로가 잘하는 점을 인정하고 칭찬해주세요. 자신의 마음을 진솔하게 표현하는 연습도 필요해요.

다혈질은 너무 많이 참는 사람이에요. 남편도 너무 많이 참는 성격인데 경직된 양상으로 갔을 뿐 두 분 다 다른 사람을 배려하고 다른 사람들의 눈치를 살피는 것을 보아 공감 능력이 좋은 사람들입니다. 그럼 아내의 욱하는 성격을 어떻게 고칠까요?

남편분이 아내가 기분 좋을 때 이렇게 말해주세요. "그만 참고 평소에 당신이 원하는 것을 말해봐"라고요. 아내가 기분이 좋을 때 남편분도 본인이 원하는 것을 말하세요. "나, 당신이 이렇게 해주면 좋겠어"라고요. 그렇게 말하는 연습을 하지 않으면 두 분 다 혼자서 속으로만 생각하고 고민하면서 외로워져요. 정작 두 분 다 같은 고민을 하고 있다는 것을 모른 채로요.

"부부끼리 눈치만 볼 때 부부가 지불해야 할 대가는 두 분 사이에 '거리가 생기는 것'이에요."

남편분은 자신이 소심한 성격이라 남에게 제대로 자기주장을 못하고 화도 못 낸다고 하셨습니다. 왜 그럴까요? 자기주장을 말로 표현하는 게 왜 두려운 걸까요? 갈등이 생길까 봐 두려운 거예요. 남편분에게 당부하고 싶은 것이 있어요. 갈등이 생기는 것을 두려워하지 말고, 갈등을 다루는 자신의 태도가 잘못된 것, 갈등을 다루는 능력이 부족한 것을 두려워하세요.

솔직히 좀 삽시다! 솔직해져서 갈등이 좀 생겨도 괜찮습니다!

남편분처럼 거절당하는 것을 잘 받아들이지 못하는 사람은 자신이 원하는 것을 표현하는 것을 이기적인 것으로 생각하는 경향이 있어요. 분노를 나쁜 것으로 인식하고 감정을 표현하는 것을 터부시하는 경향도 있고요. 이 두 가지를 극복해야 합니다.

감정은 욕구의 좌절과 충족을 알려주는 신호일 뿐이에요. 부부란 서로가 원하는 것을 동시에 만족하는 방법을 찾아가는 사람들이라는 점을 기억하시고 서로가 원하는 것에 초점을 맞추세요.

부부가 서로 눈치를 살피면 둘 다 똑같이 대가를 지불해야 해요. 그 대가란 부부 사이에 '거리가 생기는 것'이에요. 부부관계에서 가장 힘든 게 그것 아닐까요?

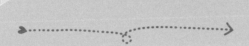

부부가 싸우지 않는다면, 정서적인 이혼 상태로 사는 부부일 가능성이 높습니다. 사랑의 반대는 미움이 아니라 무관심이기 때문에 그렇습니다. 매번 강조하지만 부부 사이에 가장 중요한 것은 '차이를 이해하고 인정하는 태도'예요. 부부가 갈등하는 것은 서로 나빠서도, 잘못해서도 아니에요. 다른 것을 다른 줄 모르고 다른 것을 다르게 다룰 줄 몰라서 싸우는 거예요. 부부는 싸우되 싸움을 통해 서로 좋아하는 마음과 화목한 가정을 이루고 싶은 공통된 소망을 표현하면 싸움이 서로를 발견하면서 성숙할 수 있는 좋은 계기가 됩니다.

**"일주일에 몇 번씩 크게 부딪히는 우리 부부,
안 싸우고 잘 살고 싶은데 제가 참는 방법밖에 없을까요?"**

안 싸우고 잘 사는 부부는 없어요.
잘 싸워야 잘 살아요

결혼 20년 차 부부인데 일주일에 몇 번씩 크게 부부싸움을 하고 매번 아내가 "미안하다, 잘못했다"고 사과해야만 화해가 된다고 합니다. 20년쯤 되었으면 그만 싸울 때도 됐는데 아직도 그렇게 사는 것이 부끄럽다는 아내분의 이야기 함께 들어보겠습니다.

Q_

저는 올해로 결혼한 지 20년 된 주부입니다. 남편과는 선을 보고 만났고 슬하에 아들 한 명을 두었습니다. 고3인 아들과는 별 문제가 없는데… 문제는 우리 부부예요.

저희는 일주일에 반 이상 크게 부부싸움을 합니다. 결혼하고 한 달쯤 지나 시댁 일 때문에 좀 크게 다퉜는데, 남편이 화가 나면 입을 닫고 말을 안 하는 습관이 있다는 걸 그때 처음 알았습니다. 말을 안 하는 것뿐만 아니라 방문을 잠그고 옆에 오지도 못하게 합니다. 그리고 그 순간부터 집안일에는 일체 비협조적이 됩니다. 제가 다쳐도 관심 없고, 집안 행사가 있어서 같이 가자고 사정해도 무반응입니다. 말 안 한 채로 한 달 이상 가본 적도 있고요. 결국은 제가 방문 앞에 가서 한참을 "미안하다, 잘못했다, 내가 실수했다"라고 달래고 사과해야만 문을 열고 나와 화해를 받아들입니다. 나중엔 제가 뭘 잘못했는지, 이게 그렇게 잘못한 일인지도 헷갈립니다.

남편이 원래 욱하는 성격이고 말이 없는 줄은 알았지만, 화가 나서 자기 성격을 주체하지 못해 저를 밀어뜨린 적도 몇 번 있었습니다. 얼마 전에는 남편이 저를 밀어뜨려서 벽을 짚고 넘어지다가 제가 팔을 다치기도 했습니다. 제가 이렇게 맞고 사는 게 부끄러워 아무에게도 말 안 하고 숨겼더니, 그런 일이 더 자주 벌어지는 것 같아요.

우리가 하도 싸워서 어느 날에는 롤링페이퍼를 만들어 서로의 장, 단점을 적어보고 그날 다툰 이유를 적어보기로 했어요. 그랬더니 남편은 배우 최민수의 아내 강주은 씨를 본받아야 한다며, 강주은 씨는 최민수 같은 사람도 다스려서 데리고 사는데, 가만히 있는 자기를 제가 자꾸 화나게 한다고 합니다. 기가 막혔죠. 남편은 늘 그런 식이에요.

화나면 또 말 안 할까 싶어서 매번 제가 먼저 잘못했다고 비는 건데, 남편은 제가 안 그러겠다고 해놓고 또 잘못하는 게 마치 자신을 약 올리는 것 같답니다.

결혼한 지 20년이나 됐으면 그만 싸울 때도 된 것 같은데 정말 아들 보기, 남들 보기 부끄럽습니다. 어제도 별일 아닌 것으로 싸워서 남편은 또 말을 안 하고 전화도 받지 않아요. 저희 부부 어떻게 하면 좋을까요? 다른 부부들도 이렇게 살까요? '부부싸움은 칼로 물 베기'라는데 우리 부부는 잘려나갈 듯 살벌하기만 해요. 정말 안 싸우고 잘 살고 싶은데, 그냥 제가 계속 참는 것 말고는 다른 방법이 없을까요?

A_

"'학교 가서 친구들이랑 싸우지 말고 사이좋게 놀아라!'라는 말부터 잘못됐어요."

제게 상담을 신청하시면서 '안 싸우고 잘 살고 싶다'는 부부들이 더러 있습니다. 어렸을 때부터 부모님에게서 "학교에 가서 친구들이랑 싸우지 말고 사이좋게 놀아라"라는 말을 많이 듣고 자란 영향 같아요. 그래서인지 우리에게는 대체로 갈등은 나쁜 것, 사이좋은 관계만 좋은 것이라는 사고가 있어요. 과연 인간관계에서 갈등이 생기지 않고 늘 사이좋게만 지낼 수 있을까요?

갈등은 자연스러운 거예요. 부부관계(다른 인간관계에서도 마찬가지)에서 가지는 환상이 있습니다. 다음 O/X 퀴즈를 풀어보세요. 답은 그다음을 읽으면서 스스로 찾아보세요.

1. 싸우지 않는 부부가 잘 사는 거다? (O/X)
2. 집안일은 다른 곳에 가서 말하는 거 아니다?(수치심을 배운 가족들이 침묵하는 경향이 이런 것) (O/X)
3. 다들 그렇게 사는 거 아니냐? (O/X)
4. 우리처럼 오래 갈등한 관계도 나아지나요? (O/X)
5. 이 정도 시간이 지나면 안 싸워야 정상 아닌가요? (O/X)
6. 사람이 이럴 수는 있지만 이렇게까지 하는 건 뭔가 큰 문제 아닌가요?(여기서 '속았다'의 주제가 나옴) (O/X)
7. 싸움의 방식, 의사소통의 방식은 시간이 지나면 저절로 좋아진다? (O/X)
8. 부부는 일심동체다!? (O/X)

안 싸우는 부부는 없습니다. 혹시 안 싸우는 부부가 있다면 그건 정서적 이혼 상태로 사는 부부입니다. 부부가 계속해서 싸운다는 것은 신기하게도 아직 서로에게 기대하는 것이 있고 서로를 사랑한다는 증거이죠. 사랑의 반대는 미움이 아니라 무관심이거든요.

그래서 결혼생활에서 관건은 서로에 대한 기대와 실제 사이의 괴리를 내가 얼마나 인식하고 현실적인 기대 속에서 적응하며 살아가는가? 입니다. 행복한 결혼생활에서 꼭 필요한 전제는 '잘 싸워야 잘 산다!'입니다.

"남편이 화가 났는데도 아내를 달래주고, 아내가 아프면 감싸주기는 힘들어요. 마음이 상한 사람에게 다정한 행동을 바라는 마음을 바꾸세요. 현실적으로 바랄 걸 바라셔야죠."

부부가 갈등하는 것은 서로 나빠서도 잘못해서도 아닙니다. 다른 것을 다른 줄 모르고 다른 것을 다르게 다룰 줄 몰라서 싸우는 거예요. 남녀 차이, 성격 유형의 차이, 원가족 집안의 환경 차이뿐만 아니라 개인적인 욕구, 감정, 반응, 선호, 가치관 등등 부부는 거의 모든 것이 다릅니다. 그런데 거기에 대해 서로 자기 뜻대로 하려는 마음이 크기 때문에 싸우는 것이죠.

많은 아내들이 하는 오류. 남편이 화가 나도 자기와 말을 주고받고 자신을 달래주기를 원해요. 남편이 화가 나도 자신이 아프면 다정하게 감싸주고, 협력적인 태도로 같이 하기를 바랍니다. 사람이 그럴 수 있을까요? 못하죠. 그래서 부부는 일심동체가 아니라 이심이체예요. 그렇게 다른 부부가 한곳을 바라보며 같이 가는 게 중요합니다. 살아보며 상대를 경험하면서 '아 이 사람은 이런 상황에서는 이렇게 행동하는구나' '안 그랬으면 좋겠지만 현실은 그렇지 않구나'를 받아들이는 것이 '이 사람은 그렇게 하지 않으니 사람도 아니구나'라고 생각하는 것보다 낫습니다.

몇 번을 강조해도 부족한 것! 부부 사이에는 차이를 이해하고 인정하는 태도가 가장 중요해요. 이럴 때 꼭 필요한 능력이 자기주장을 포함한 의사소통 능력입니다. 여기에 덧붙이자면 경청하면서 공감하기, 상대가 원하는 것을 파악하고 내가 원하는 것을 표현하며 갈등을 조정하는 능력, 일명 협상 능력이 필요합니다. 그리고 진짜 용서하고 사과하고 화해하기, 친밀함 나누기가 필요합니다.

끝으로 가장 중요한 것이 믿음이에요. 부부는 아무리 관계가 나빠졌어도 회복이 가능한 관계예요. 부부에게는 기본적으로 서로 좋아하는 마음이 있고, 화목한 가정을 이루고 싶은 동일한 소망이 있기 때문이죠. 서로 싸우되 이런 마음을 표현하고 드러내면 부부싸움은 서로를 발견하면서 성숙하게 되는 좋은 계기가 됩니다.

20년 싸웠으면 안 싸울 때도 된 게 아니라 싸움의 방식이나 화해의 방식을 달리 해볼 때가 된 겁니다. 이 부부의 경우 싸우면 남편이 말을 안 하고 비협조적이 되고 가끔 물리적 폭력도 있고 아내가 싹싹 빌어야 화해가 되고… 악순환이 계속되고 있어요. 아내분은 이 악순환을 확실히 끊고 싶으신 거죠?

사실 우리의 일상적인 모습은 악순환일 때가 더 많아요. 악순환 관계는 노력하지 않아도 만들어지지만, 선순환 관계는 많은 노력을 기울여야 만들 수 있거든요. 악순환 관계뿐만 아니라 개인의 습관도 수정하려면 엄청난 노력이 필요한 것이 원상태로 돌아가려는 특성, 즉 항상성 때문에 그래요. 이 부부도 보이지는 않지만 마치 관성과도 같이 엄청난 위력을 지닌 항상성과 싸워야 해요. 그래야 악순환을 선순환으로 바꿀 수 있습니다. 그럼 이분은 어떻게 해야 할까요?

확실히 악순환으로 사는 법, 확실히 선순환으로 사는 법을 서로 비교해볼게요. 어떻게 사시겠어요?

(1) 자기 말만 한다 vs 배우자 이야기를 더 많이 듣는다

배우자 이야기를 더 많이 들어야 해요. 배우자의 목소리나 사실만 듣는 게 아니라 배우자의 마음으로부터 나오는 메시지를 들으려고 노력하는 걸 말해요. 주의할 것은 배우자의 이야기를 넘겨짚거나 추측해서 기정사실화하지 말고, "그러니까 당신 말은 이런 뜻이라는 거지?"라고 상대방의 말을 요약하면서 물어야 해요. 이때 말은 천천히 부드럽게 해야 해요. 그러면서 상대방의 느낌과 욕구를 확인하는 것이 가장 중요하죠.

"그러니까 당신 말은 내가 말로는 잘못했다고 하면서 행동은 그대로니까 당신을 놀린다는 생각이 든다는 거지? 그 정도로 내 말에서 신뢰를 잃었다는 뜻이지?" "그래서 내가 잘못했다고 사과해서 당신이 마음을 풀었는데, 또다시 나한테 실망해서 마음에 상처를 입을까 봐 두렵다는 말로 들려."

그리고 자주 이렇게 물어보세요. "내가 당신 말을 잘 이해한 거야? 혹시 내가 놓치고 있는 부분이 있어?"라는 식의 말을 하면 배우자는 마음이 편안해질 거예요.

　말을 들으면서 마음을 듣는 연습이 필요해요. 배우자가 말할 때 메시지가 무엇인지, 메시지 안에 담긴 마음은 무엇인지를 살피고 그것을 중요하게 여기고 그것에 대한 반응을 하면 확실히 선순환으로 옮겨갑니다. 이때 주의할 것이 배우자의 메시지를 내 방식대로 부정적으로 이해하고 그것을 기정사실화하지 말아야 합니다. 그래야 악순환에 빠지지 않습니다.

(2) 자기 식으로 말한다 vs 배우자 방식으로 말한다

　예를 들어, 나는 이성형이고 배우자는 감정형이에요. 그때 내가 감정형 스타일로 이야기하면 선순환이 됩니다. 공감은 두 가지예요. 감정을 공감하는 것과 생각을 타당화하는 것, 후자를 인지적 공감이라고 합니다. 공감을 표현하는 간단하지만 신비한 말 "그럴 만도 해!"를 기억하고 자주 써먹으세요.

　이성형이 감정형에게 말할 때는 감정을 말해주고, 감정형이 이성형에게 말할 때는 사실 관계에 신경을 쓰는 방식이 아주 효과적이에요. 감정형들은 감정에 치우치는 성향이 있어서 사실을 누락하거나 축소 또는 과장하는 경향이 있죠. 그래서 감정형은 이성형에게 말할 때 자기 감정을 누그러뜨린 뒤 이성형이 말하는 사실적 내용을 본인이 잘 들었는지 확인하는 게 좋아요.

　서로의 스타일로 대화하려면 반드시 필요한 것이 자기 조절입니다. 영어 공부하듯 일어 공부하듯, 상대방의 감정언어 혹은 사실언어를 배울 필요가 있습니다.

(3) 큰일만 중요시한다 vs 작은 것을 중요시한다

상대방 방식으로 이야기할 수 있는 관계가 되면 좋은 관계가 됩니다. 그러면 남편이 돈을 조금 적게 벌어 와도, 아내가 살림을 잘하지 못해도 행복한 부부관계를 만들 수 있어요. 마음이 통하고 연결된 사람끼리는 작은 것도 재미있고 즐겁습니다. 상대가 조금만 웃긴 표정을 지어도 낄낄거리게 되죠.

작은 것에서 기쁨과 행복을 느끼는 관계가 되면 전체적으로 분위기가 부드럽고 온화해집니다. 이런 분위기에 익숙해지면 사회적으로 큰 성공을 하지 않아도 사람들은 즐겁고 행복하게 살 수 있어요. 마음이 연결된 관계는 큰 것이 없어도 가능하고, 있으면 더 좋은 관계입니다. 서로의 추억을 떠올리면서 즐거워하고, 상대에게 적은 메모 하나에도 존재감을 느끼는 관계가 됩니다. 그게 바로 사랑하는 관계죠.

(4) 일반화해서 하나로 뭉뚱그린다 vs 뭉뚱그려진 것을 하나씩 푼다

흔한 농담으로 경상도 남자들은 집에 와서 딱 세 마디만 한다죠. "아는?(애들은 잘 있어?)" "밥도(밥 줘)." 그리고 "자자." 일반화해서 하나로 뭉뚱그린다는 것은 이처럼 할 말만 하는 것입니다. "늘 그래." "우리는 원래 그래." 이런 말도 마찬가지입니다. "오늘 하루 기분이 어땠어?"라고 물었을 때 '그럭저럭'이라거나 '똑같다'라는 대답도 마찬가지로 뭉뚱그린 좋지 않은 표현입니다. 기분이 어떻게 매일매일 똑같을 수 있어요? 설령 기분이 매일 똑같다 해도, 그 똑같은 기분의 정체는 표현할 수 있지 않을까요?

감정을 세세하게 표현하지 못하는 분들이 많이 하는 감정 표현 중 하나가 '짜증난다'입니다. 짜증이라는 감정은 여러 욕구들이 좌절되어 생긴 부정적인 감정들이 겹겹이 쌓여있는 것을 말합니다. 그래서 짜증을 많이 내고 짜증난다는 사람에게는 "짜증내지 마"라고 말하지 말고, "그만 참고 이제 네가 참았던 감정들이 무엇인지, 네가 무엇을 원하는지 하나씩 말해봐"라고 격려해주어야 합니다.

행복한 부부들은 저녁에 하루에 있었던 일들을 기분이 좋았던 것과 나빴던 것들로 나눠 하나씩 세세하게 시시콜콜 나눕니다. 사이가 좋은 부부들이 끊임없이 대화를 이어나가는 것은 그래서입니다. 그런 관계가 선순환 관계이고요.

(5) 뭐든 당연하게 여긴다 vs 뭐든 감사하게 여긴다

감사는 내 마음에서 생기는 것입니다. 감사할 만한 일이 따로 있는 게 아니라, 내게 주어진 사람과 배우자, 그리고 내게 일어나는 모든 일을 감사의 마음으로 받아들이느냐 아니냐의 선택이 있을 뿐입니다. 감사는 내 선택입니다.

내가 하는 모든 일, 상대가 하는 모든 일 중 당연한 것은 하나도 없습니다. 당연한 것이 많은 사람은 자신이 당연하다고 여기는 것이 되지 않을 때 화가 납니다. 관계에서 내가 하는 것을 상대가 당연하게 여기거나 상대가 하는 것을 내가 감사하지 않고 당연하게 여기면 서로 힘이 빠집니다. 감사는 관계에 불씨를 살려주고 관계를 따뜻하게 지속시켜주는 연료입니다.

(6) 늘 내가 옳다고 주장한다(상대가 잘못했다고) vs 내가 틀릴 수 있다고 말한다(진심으로)

말로만 잘못했다고 하면 상대방은 그 거짓말을 금세 눈치챕니다. 왜냐하면 진정한 뉘우침과 반성은 행동 수정이 수반되기 때문이죠. 반성이란 잘못한 것을 책임지는 태도입니다. 갈등을 피하기 위해서 내뱉는 '미안해'가 진정성이 없게 느껴지는 이유가 바로 그것입니다. 미안하다는 말 속에는 '내 행동이 후회되고 내가 상대의 아픔에 영향을 끼쳤다는 점을 인정한다'는 뜻이 포함돼야 합니다.

(7) 잘못되면 배우자 탓 vs 잘되면 배우자 덕

서로의 단점을 보고 이를 교정하는 대화도 중요하지만, 서로를 세워주는 대화는 더더욱 중요합니다. 배려의 말, 사람을 세우는 말을 하세요. 부모가 자녀에게 계속 고치라고만 하면 자녀는 열등감에 빠집니다. 자기 자신에 대해서 부족함을 느끼고 부끄럽게 여기는 것이죠. 그러나 자녀의 장점을 발견하고 이를 인정하는 말을 해주면 자녀는 존재감을 느낍니다.

척하지 말고 진심으로 상대에게 감사와 인정의 마음을 표현하세요. 그것은 귀한 마음이고 사람을 세우는 마음입니다. 그런 마음은 겸손함이 없으면 안 됩니다. 지금 자신이 겸손한 척하고 있는 건 아닌지 자기 마음을 먼저 돌아보세요.

제3장

가족, 친정과 시댁, 본가와 처가

원가족과 아름답게,
아니 어떻게든 이별하라

결혼을 앞둔 커플들에게 당부합니다. 부모 돈으로 결혼하지 마세요. 그거 다 빚입니다! 결혼과 동시에 부모님에게서 재정적으로 독립하셔야 합니다. 결혼 이후에도 부모가 재정적으로 지원해주는 것을 당연하게 여기면 안 됩니다. 상대편 집안에 볼 게 없다고 하지 마시고, 중요한 걸 볼 줄 아는 눈을 가지시길 바랍니다. 결혼할 때 상대편 부모가 주어야 할 것은 온전한 배우자와 축하 외에는 없습니다.

"아무것도 해준 것 없는 시댁 이제는 짜증나요."

시댁이 제대로 주어야 할 게
남편 말고 또 뭐가 있나요?

잘사는 친정 부모님은 출산비, 산후조리원비 다 내주시고 비싼 음식 한가득 사서 주말마다 찾아오시는데, 시골에서 가난하게 홀로 사시는 어머니는 변변하게 해준 것이 없어서 불만이라는 여성의 이야기입니다.

"시댁은 뭐 볼 게 없고 사람 하나 좋아서 결혼했어요."

시댁과 갈등을 겪고 있는 며느리가 어느 날 저를 찾아와 이야기했습니다. 사연을 곰곰이 듣는데, 그 대목에서 의문이 들더군요. '시댁이 볼 게 없다고? 시댁에 볼 것이란 뭘까?'라고요. 말로는 시댁 때문에 힘들다고 하지만, 사실은 시댁에서 뭔가 기대하고 있는 자신 때문에 힘든 게 아닌가, 하는 생각이 들었습니다.

며칠 전 부부싸움이 크게 터졌다고 합니다. 아기 돌잔치에 참석하기 위해 친정 부모님이 며칠간 집에 머물러야 하는데 남편이 그게 싫다고 했답니다. 왜 며칠씩이나 주무시냐면서요. 그래서 이 여성분도 지지 않고 따졌대요. "시어머님은 아기 낳기 전에도 그렇고 낳고도 연락 한 번 안 하시고 나한테 뭐 하나 해준 거 있냐?"면서요. 대판 싸움이 났다고 해요.

이 여성분은 결혼할 때 시댁에서 제대로 받은 것이 없었다고 합니다. 그래서 친정 부모님이 "아빠, 엄마가 다 해줄 테니 속상해하지 마라"고 위로하셨다고 합니다. 남편도 처음에는 안 그러다가 언제부턴가 뻔뻔하게 나오는 것 같아서 분노가 치민대요. 그동안 쌓인 남편과 시댁에 서운했던 감정이 폭발한 것 같았어요.

이 여성분은 속상하고 답답하다며 제게 도움을 요청했어요. "우리 부모님이 남편 싫어하는 것도 싫고, 남편이 우리 부모님 싫어하는 것도 싫은데 전 어떡하면 좋죠?"라고요.

"가난한 시댁이 왜 짜증날까요?"

며느리의 말을 자세히 들여다보면, '시댁에서 받아야 할 것을 제대로 받지 못한 억울함을 계속 참아 와서 짜증났다'는 뜻인 것 같아요.

이 사연을 남편이 보낸 사연이라고 반대로 소개해본다면 아내들이 뭐라 할까요? 이를테면, "저희 엄마, 아빠가 손녀 얼굴 보겠다고 이틀간 집에 머물겠다고 하는데 아내가 싫다고 합니다. 이런 아내 때문에 속상합니다. 시집올 때 변변히 뭐 하나 해온 게 없으면서…"
라고.

　결혼할 때 상대 부모님께 제대로 받아야 할 것이 온전한 배우자와 축하 이외에 뭐가 있을까요? 시댁에 '볼 게 없는' 게 아니라, 중요한 걸 '볼 줄 아는 눈'이 며느리에게 없는 겁니다. 시어머니는 가난한 가정에서도 홀어머니가 아들과의 관계에서 빠지기 쉬운 덫에 빠지지 않고 아들을 아내 위할 줄 아는 남자로 키웠습니다. 그런데 며느리는 풍요로움 속에서 배워야 할 것을 못 배우셨어요.

　받는 것에 익숙한 사람들은 받는 것을 당연하게 여기고 줄 수 없는 사람의 심정을 잘 헤아리지 못합니다. 프랑스 왕비 마리 앙투아네트가 "빵이 아니면 죽음을 달라!"고 울부짖었던 프랑스 민중의 심정을 이해하지 못하고는 "빵이 없으면 케이크를 드세요"라고 말한 것에 비유하면 너무 심한 걸까요?

　친정 부모님은 계속해서 재정적으로 지원해주는데 시댁은 그게 없어서 짜증난다고 합니다. 부모님이 결혼 후에도 재정적으로 계속해서 지원해주는 것을 이분은 당연하게 여기고 있는 것이죠. 아니면 재정적인 지원을 해주는 쪽이 그렇지 못한 쪽에게 '갑질'을 하는 것은 당연한데, 을이 '알아서 기기'를 하지 않아서 화가 난다는 뜻이거나요.

　"뭐 볼 게 없지만 사람 좋아서 결혼한다"는 말은 사랑해서 결혼한다는 말이 아니라, 상대가 돈은 없지만 이런저런 것들을 잘 하니까 그나마 결혼해준다는 뜻과 다르지 않습니다. 선심도 아니고 한마디로 장사를 했는데 "내가 밑지는 장사를 했으니 너는 그 대가로 내 갑질을 받아들여라"라고 강요하는 것과 같습니다. 볼 것 없는 집에 시집 혹은 장가를 간다고 하는 사람들은 그 볼 것 없어 보이는 가정에서 정말 보아야 할 것을 보는 눈이 없는 사람입니다. 혹은 배우자에게서 받은 중요한 것을 너무 당연하게 여기고 정작 자신은 그 중요한 것을 주지 않는 사람입니다.

남편이 좋은 사람이라고 하셨는데 아내도 남편에게 좋은 사람인지 묻고 싶습니다. 내가 억울하지만 참고 결혼한 게 아니라 남편을 사랑해서 결혼한 것이어야 합니다. 남편을 사랑해서 결혼한다는 의미는 내가 남편 편이 되어주겠다는 의미예요. 의사결정을 할 때 남편을 가장 중요하게 고려하겠다는 의미이기도 하고요. 이 남편은 아내 편인 게 맞는 것 같은데 아내는 남편보다는 친정 부모님 편에 서 있는 것 같습니다.

결혼을 준비하는 커플들에게 저는 부모의 돈으로 결혼하지 말라고 당부합니다. 부모님께 돈을 받는 것도 은행에서 대출받는 것과 마찬가지로 다 빚이에요. 자기 부모님에게 받는 것을 당연하게 여기는 사람들은 배우자의 부모에게도 당연한 듯이 재정적 도움을 요구합니다. 그것을 당연하게 여기고 기대하는 수준만큼 받지 못하면 '내가 뭐가 부족해서 이런 집에 시집을 갔나?'라고 생각합니다.

"나 편하자고 진 빚을 남편더러 갚으라고 하면 안 되죠."

과거에는 부부 갈등의 주요 원인 중 하나가 고부갈등이었다면, 자녀를 하나둘만 낳는 요즘 시대에 부부의 결혼생활을 위태롭게 하는 주요 요소는 '장서갈등'입니다. 요즘 부모들은 한두 명의 자녀에게 몰입하고 자녀가 결혼한 이후에도 심리적, 재정적으로 독립을 시키지 않아 부모와 자녀가 의존적인 형태로 삽니다. 자녀는 결혼 전에 누렸던 자녀로서의 편리함을 유지하고 상대편 부모에게도 그런 편의를 당연한 것으로 요구합니다. 배우자가 그것에 대해서 불편함을 이야기하면 배우자의 마음보다 원가족의 부모님 마음을 더 중요하게 여기면서 갈등을 조장하게 되죠. 요즘 딸 부모는 딸에게 "아이 하나둘 있는 건 흠도 아니다. 내가 키워줄 테니 힘들면 엄마 아빠한테 와라"고 하면서 딸의 심리적, 재정적 독립을 방해합니다.

이제 그만 친정 부모님에게서 독립하세요. 친정 부모님이 주신 사랑의 마음을 당연한 것으로 폄하하지 마시고요.

친정 부모님과 남편의 사이를 좋게 지켜주고 싶다고 하셨는데, 그렇다면 아내분이 남편의 입장에서 의사결정을 하겠다고 친정 부모님께 말씀드릴 필요가 있어요. 그리고 내 부모님께서 이것저것 챙겨주시는 것은 나 편하라고 주는 것입니다. 나 편하라고 주는 것을 내가 감사하지 않고 마치 남편 위해서 받은 것처럼 남편더러 대신 감사하라고 해서는 안 되죠. 그것은 원래 져서는 안 되는 빚을 나 편하자고 져서는 남편더러 갚으라고 하는 것과 같습니다.

아내분은 아들을 홀로 훌륭하게 키워낸 한 여인의 위대함에 감사했으면 좋겠어요. 돈보다 더 중요한 남편을 선물해주신 분이잖아요. 내 아이가 소중한 것처럼 돈 없는 사람들이 자식을 키울 때의 그 서러움에 공감해보세요. 미안하지만 이 아내분은 공감력이 떨어지거나 너무 이기적이고 철없는 아이 같아서, 오히려 볼 것 없는 아내와 결혼한 남편이 안됐다고 말해주고 싶어요.

한국 사회에서 가난한 가정에서 홀어머니가 아들을 훌륭하게 키워내고 그 아들이 결혼한 이후 아들 가정에 별 간섭하지 않고 지내기가, 돈이 있어서 자녀를 이기적인 사람으로 키우고 자녀가 결혼해서도 독립시키지 않고 지내는 것보다 더 어렵다는 사실을 기억했으면 좋겠습니다.

내가 기대했던 사랑이나 인정이 돌아오지 않으면 섭섭하고 화가 날 수 있습니다. 그러나 그것을 사랑해서 한 행동이라고 말하지 마세요. 엄밀히 말하면 사랑받기 위해서 한 행동이죠. 그리고 내 감정을 돌볼 책임을 남에게 전가해서도 안 됩니다. 상처를 주는 것은 남일 수 있지만 그 상처를 방치하느냐, 치료하느냐는 전적으로 자신의 책임이에요. 적어도 성인이라면요. 그런 의미에서 용서는 내 몫이고 철저히 나 자신을 위한 거예요. 반면 사과는 상대방을 위한 것이죠.

#02 / 시누-올케

"도대체 너무 이해가 안 되는 시누이… 전 어떻게 해야 할까요?"

아프겠지만 오래도록 상한 마음을
방치한 책임은 본인에게 있어요

●

홀시어머니와 함께 사는 여성의 이야기입니다. 손위 시누이 일을 많이 도와주면서도 좋은 소리보다는 상처받는 소리를 많이 들어온 이 여성은 극심한 스트레스로 최근 분가를 계획하고 있는데, 그것이 시누이 때문이라는 사실이 탄로나면서 극심한 스트레스에 시달리고 있다는군요.

"막말 하는 시누, 시누 편만 드는 시어머니, 무심한 남편… 이런 상황이 도무지 이해되지 않아요."

어느 날 상담했던 한 며느님의 이야기예요. 이분은 홀시어머니와 한 건물 위아래에 살고 있는데, 손위 시누이가 시어머니 댁에 자주 찾아오면서 시누이의 집안일이며 육아 등을 많이 도와주었다고 합니다. 본인도 아기 키우면서 힘들었지만 시누이 출산 때는 산후조리를 해주었고, 시누이의 아이들이 아플 때는 병원에도 데려갔다고 해요. 그 외 시누이의 부탁으로 장보기 심부름, 구청 심부름, 청소 심부름 등등 살림도 거들었다고 합니다.

그런데 그게 말은 못하고 이분이 많이 힘들었나 봅니다. 게다가 남편은 아내가 시누이 일로 힘들어하는 것을 알면서도 위로하기는커녕 감싸주거나 이해해주지도 못하고 있답니다. 그런 상황이 벌써 8년째라고 해요.

시누이에게 크게 상처받았던 결정적인 사건이 있었습니다. 조류독감이 한창 유행할 때 이분이 출산을 했는데 시누이가 그러더래요. "아무 이상 없어도 임산부는 조류독감이 더 잘 걸린대. 검사 한번 받아봐." 당시 이분은 조류독감 피해 지역에 살고 있어서 아기가 어떻게 될까 봐 늘 조마조마하고 있던 차였대요. 게다가 남편은 조류독감이 의심되어 병원에 격리된 상황이었고요. 그런 상황에서 시누이의 조언 같지 않은 조언이 큰 상처가 되었나 봅니다. 그때 시누이의 말이 지금까지 올케의 머릿속을 떠나지 않고, 그 사건이 트라우마가 되었다고 합니다. 그런 식으로 생각 없이 툭툭 던지는 말들이 이 올케에게는 대못으로 박히는 경우가 많았다고 해요.

시누이 아이들이 감기 걸려서 와서 이분 아이에게 감기가 옮는 일이 허다하고, 시누이 가족들이 놀러갈 때는 올케 가족이 당연히 함께 가야 하는 것으로 여긴다고 합니다. 이런 일들이 계속해서 반복되고 있대요.

그러던 차에 최근에 대형 사건이 터졌다고 해요. 이분이 분가를 계확하고 있었는데 분가 이유가 시누이 때문이라는 것을 시누이가 알게 되었답니다. 남편이 시어머니에게, 시어머니가 시누이에게 고자질한 것 같다고 이분은 생각하고 있어요. 시누이는 남편을 통해 올케가 괘씸하다, 본인이 뒤통수 맞은 것 같다, 라면서 올케 흉을 엄청보았고 '은혜도 모르는 XX'라는 식으로 욕을 했다고 합니다. 시어머니는 그런 시누이를 감싸기 급급했고 남편은 "네가 원하는 대로신경 안 쓰게 되지 않았으니 잘된 것 아냐?"라고 대수롭지 않게 이야기했다고 합니다.

시누이, 시어머니, 남편이 한통속이 되어 자신만 왕따 시키는 것이 너무 야속하다고 해요. 이분은 제게 이렇게 묻더군요. "이런 상황들이 저는 도대체 너무 이해가 안 돼요. 전 앞으로 어떻게 해야 할까요?"

"이런 상황들이 이해되지 않는다고요? 원하는 게 이런 상황들을 이해하는 건가요?"

이분은 본인이 무엇을 원하는지 잘 모르거나 제대로 전달하는 방법을 모르고 있습니다. 게다가 오랫동안 상한 마음을 스스로 돌보지 않고는 자신의 감정을 돌볼 책임을 다른 사람에게 전가하고 있어요.

여자들이 결혼해서 힘들고 낯설고 불편해도 하는 일들이 있죠. 이분의 경우 본인 아이가 아닌, 아픈 시누이 아이를 돌보는 일 같은 것이 그래요. 그 보상으로 남편과 시어머니, 혹은 시누이에게 바라고 기대하는 것은 무엇일까요? "수고했다" "고맙다"라는 말일 겁니다. "네가 우리 집에 들어와서 좋다" "네가 복덩이다"라는 말. "너는 우리 집에 온 귀한 선물이구나. 네 덕분에 우리 가족이 더 좋아졌다"는 말을 듣고 싶은 거예요. 이런 말들이 의미하는 바는 무엇일까요? 가족들에게 인정받고 사랑받고 싶다는 뜻입니다.

아내가 남편을 사랑해서 시누이 집안일을 돕고 시누이 아이를 보살폈을 수도 있지만, 사실은 남편에게 사랑받아보겠다고 한 행동일 가능성이 커요. 내가 사랑받기 위해 어떤 행동을 했는데 기대했던 사랑이나 인정이 보상으로 돌아오지 않으면 섭섭하죠. 특히 남편에게서 내가 기대하는 수준의 사랑이 오지 않으면 무척 서운합니다.

그런데 그다음이 중요해요. 상처를 주는 것은 남일 수 있지만, 그것을 치료하지 않고 방치한 채로 더 아프고 쓰리게 하느냐, 아니면 그것을 적극적으로 치료하느냐는 성인의 경우에는 자신의 책임이에요. 마음을 푸는 것을 우리는 흔히 '용서'라고 하는데 용서는 자기 자신을 위해서 내가 상대로부터 받았던 영향을 떠나보내는 거예요. 따라서 용서는 철저히 나 자신을 위한 것입니다.

사과는 상대가 할 몫이지만 용서는 내 몫이에요. "네가 이렇게 할 때까지 나는 죽어도 용서할 수 없어"라고 작정한 사람의 마음을 풀 방법이 없는 이유입니다. "내 눈에 흙이 들어가도 넌 죽어도 용서 못해!!"라고 작정한 사람에게 무슨 말을 할까요?

"남이 해준 복수가 더 달콤한 것일까요?"

여자가 한을 품으면 오뉴월에도 서리가 내린다는 말이 있죠. 여자는 어쩌다가 한을 품게 되었을까요? 답은 억울해서!

우리는 어떨 때 억울함을 느낄까요?

"사또! 억울한 원한을 풀어주소서! 6년 묵은 억울한 마음을 풀어주소서! 흑흑흑! 제 억울한 사연을 들어주소서!"

예전 TV에 '전설의 고향'이라는 프로그램이 있었는데, 억울하게 죽어 구천을 떠돌던 영혼이 자신의 억울함을 풀어줄 사또를 찾아가 하소연하는 장면을 저는 아주 갸우뚱 하면서 보았던 기억이 있습니다. '아니, 귀신이라면 자신을 억울하게 한 사람을 찾아가 겁주고 괴롭힐 수 있는 것 아냐? 아예, 그 나쁜 놈을 저승으로 끌고 가면 될 텐데 왜 저럴까?' 귀신은 스스로 복수할 힘이 있는데도 꼭 사또를 찾아가더군요.

도대체 왜? 밥도 남이 해준 밥이 맛있는 것처럼 복수도 남이 해주는 복수가 더 짜릿한 것일까요? 남이 복수해주면 내 마음의 원한이, 6년 묵은 섭섭함이 눈 녹듯 녹아내리는 것일까요?

그다음, 이런 장면이 꼭 나왔습니다. 사또가 귀신에게 "아무리 억울해도 그렇지, 그러면 되냐?"고 막 호통을 쳐요. 그러면 그렇게 서

슬 퍼렇던 귀신도 더는 화를 내지 않고 울면서 잘못했다고 합니다. 대체 이건 뭔가요?

귀신이든, 이 아내분이든 "저는 어떻게 하면 좋을까요?"라고 물은 것은 사실 이런 뜻이에요.

"그 사람은 본인이 저한테 얼마나 큰 상처를 주었는지 몰라요. 저는 상처받은 채로 8년간 상처만 키우면서 지내왔어요. 이제 이 상처를 어떻게 해야 할까요? 더 이상 상처받고, 그 상처가 곪은 채로 살기는 벅차고 힘들어요. 너무 아파요. 남편도 시댁 식구들도 내 주변의 누구도, 심지어 나 자신도 내 마음의 상처의 깊이가 얼마나 깊은지, 작은 말 한마디에도 내가 얼마나 크게 영향받고 상처 입는지 잘 알지 못해요. 그래서 다들 나를 함부로 대해요. 나는 더 이상 작은 돌들에 맞아 생채기 나고 싶지 않아요. 난 어떻게 하면 상처 입지 않고, 아니 입은 상처를 치료하면서 살 수 있을까요?"

답은 공감받기입니다. 공감해줄 사람이 없으면 '셀프 공감하기'도 괜찮습니다. 그러나 공감은 뭐니 뭐니 해도 주고받아야 맛이죠. 공감을 주고받을 친구가 있나요? 없다면 상담사라도 찾아가세요. 그래야 성장합니다.

"어른이 된다는 것은 내 욕구, 내 상처를 돌볼 책임이 나한테 있다는 것을 받아들이는 것입니다."

이 여성분이 정말 이해해야 할, 당황스러울지도 모르는 사실! 진짜 자신을 돌보고 사랑할 책임이 자기 자신에게 있다는 사실입니다. 독립적인 존재로서 다른 사람과 상호 공존할 수 있는 성숙한 성인이 되기 위해 가장 중요한 것은 자신의 감정적인 상처를 치료할 책임이 상처 준 사람에게 있지 않고 나 자신에게 있다는 사실입니다. 내 상처는 내가 돌보고 치료해야 한다는 것을 받아들이셔야 합니다. 다소 황당하지만 그것이 진실입니다

명절 스트레스로 며느리가 받는 압박감의 금전적 비용이 1천만 원(?)이었나요? 누구 때문에 진 빚이건, 내 이름으로 된 빚은 내가 갚지 않으면 계속해서 연체이자가 붙어서 눈덩이처럼 불어납니다.

감정에 대해 이해해야 할 것이 있습니다. 우리의 감정은 부정적인 것이든 긍정적인 것이든 상대방 때문에 생겨나는 게 아니에요. 감정은 우리 안에 있는 욕구와 필요들이 잘 충족되고 있는지, 아니면 채워질 필요가 있는지를 알려주는 신호등 같은 것입니다. 전자의 경우 긍정적인 감정이, 후자의 경우 부정적인 감정이 생기죠.

성숙한 어른이 된다는 것은 내 욕구를 돌볼 책임자가 나 자신이라는 사실을 인정하고 이해하고 받아들이는 것입니다. 상대에게는 내 욕구를 돌봐줄 책임이 없어요. 그럼에도 불구하고 내 욕구와 필

요를 돌봐주고 관심을 기울여주겠다고 상대가 결정해주었기 때문에 그것이 고마운 것이죠. 결혼은 그런 두 사람이 하는 것입니다.

나도 내 필요를 잘 돌보고 상대도 자신의 필요를 잘 돌보는 사람 둘이서 각자 자신의 필요를 돌보듯 상대의 욕구와 필요를 돌봐주기로 선택하고, 상대에게 내 돌봄을 받을 수 있는 특권을 부여하는 것이 바로 결혼입니다. 이때 아내나 남편이 자신이 받는 그 특권을 당연하게 여길 때 관계가 나빠져요. 상대가 돌봐주지 않아서가 아니라 내가 상대에게 당연한 것으로 강요하는 그 태도 때문에 그래요.

이 여성분은 자신의 감정을 돌볼 책임이 자신에게 있음을 인정하는 것이 필요해요. 그래야 자기 자신을 더 사랑할 수 있고 자신의 아픈 감정이 돌봐달라고 하는 요구를 돌봐줄 수 있어요. 그런 다음에야 상대에게도 나를 어떻게 돌봐주기를 바라는지 요청할 수 있죠.

일하다 지쳐 돌아온 집에 시부모님이 계시고 늦게까지 돌아가지 않으시는 날이 계속되면 며느리는 불편하고 시부모님의 배려 없음에 화가 날 수도 있습니다. 결혼한 지 얼마 안 된 며느리에게는 더욱 그럴 수 있죠. 그런 상태를 참고 살 것인지, 아니면 시부모님께 저녁에 일찍 돌아가셨으면 좋겠다고 솔직히 터놓고 이야기할지는 며느리의 선택에 달렸습니다. 며느리가 화가 난 것은 시부모님 때문이 아니라, 자신의 욕구가 좌절되어서임을 이해할 필요가 있습니다. 시부모님이 화가 나시더라도 그것 역시 며느리 때문이 아니라 시부모님 자신의 욕구 때문입니다.

"시부모님께 며느리 좀 배려해달라고
서운하지 않게 말씀드릴 방법은 없을까요?"

상대가 서운하지 않게
내 요구를 말할 방법은 없어요

시부모님이 매일 집에 와서 아기를 봐주는데 늦게까지 댁으로 돌아가지 않아서
퇴근한 며느리는 너무 불편합니다. 그러나 그런 이야기를 하면 시부모님이 상처
입으실 것 같고 말하지 않아도 알아서 며느리를 배려해주기를 바라고 있습니다.

Q_

18개월 딸아이를 둔 워킹맘이에요. 매일 퇴근길이면 마음이 복잡
해집니다. 빨리 집에 가서 쉬면서 아기와 놀고 싶은 마음도 있지만,
한편으론 집에 계신 시부모님 때문에 집에 가고 싶지 않은 마음도
듭니다. 피곤함에 지쳐도, 아파도, 집에 빨리 못 가는 제 신세가 너무
처량하고, 일하는 며느리를 배려해주시지 않는 시부모님에게 서운하
다 못해 화가 날 때도 있습니다.

두 달 전 제가 복직하면서 매일 아침 시어머니께서 저희 집에 오셔서 아이를 봐 주고 계세요. 시아버님은 아침 또는 점심에 오셔서 저녁까지 계시다가 두 분이 함께 댁으로 가세요. 물론, 시부모님께 아이를 맘 편히 믿고 맡길 수 있어서 좋지요. 그러나 잠자는 시간까지 시부모님과 같이 살다시피 하니 부부 사이는 점점 멀어져만 가고, 육아에 대한 갈등이 고조되어 최근에는 부부싸움도 한바탕 했습니다. 퇴근 후 아기와 온전히 함께 시간을 보낼 수 없다 보니 아기가 엄마와 애착관계가 잘 형성되지 않는 것도 같고요.

밤 10시까지 계시다가 댁으로 가시는 시부모님. 손자와 시간을 더 많이 보내고 싶으신 것인지 댁에서 잠만 주무실 생각이신지는 몰라도 전 너무 힘이 듭니다. 저는 두 분이 댁으로 가시기 전까지 옷도 편히 못 갈아입고 씻지도 못한 채 반찬을 만들거나 집안일을 합니다. 두 분이 가시면 그때 비로소 저도 씻고 아기도 씻겨요. 그러다 보니 아기도 저도 자는 시간이 점점 늦어지고, 저는 늘 만성피로에 시달리고 있어요.

어떻게 하면 시부모님 마음 상하시지 않게 며느리 퇴근 후 빨리 가시게 할 수 있을까요? 시부모님이 아기를 봐 주시는 것은 감사하지만 며느리에 대한 배려가 너무 없으셔서 서운하고 화가 납니다. 시부모님이 서운하지 않게 말씀드릴 방법은 없을까요?

A_

"시부모님 마음 상하지 않게 댁으로 빨리 가시라고 말씀드릴 방법은 없어요."

시부모님이 자신을 배려해주기를 바란다면, 며느님은 자신이 원하는 것을 시부모님께 정확히 말로 표현해야 합니다. 이야기하지 않아도 상대가 알아서 본인의 마음을 읽고 배려해줄 수는 없어요. 시부모님이 며느리에 대한 배려가 없다는 것은 다른 말로 하면, 며느리가 시부모님에게 자신의 한계를 벗어난 일을 계속해서 허용해오고 있다는 뜻입니다.

왜 그럴까요? 며느리들은 자신이 나쁜 사람이 되는 것이 두려워서 그래요. 시부모님과 주변 사람들로부터 '착한 며느리' 소리를 듣고 싶어서 자신이 감당하기 어려운 일들까지 계속 허용하게 되고, 그러다 보면 그 힘듦이 불만으로 폭발하게 됩니다.

며느리는 자신이 원하는 것을 시부모님께 이야기하면 시부모님이 서운해할 것이 뻔하고, 그럼 마치 자신이 시부모님을 서운하게 만든 나쁜 사람이라는 생각이 들게 돼요. 누구나 그런 이기적인 사람은 되고 싶지 않기 때문에, 며느리들은 간접적인 방법으로, 예를 들어 눈치를 주거나 교묘하게 돌려 이야기해서 시부모님이 자신의 바람을 들어주기를 기대하죠. 그러나 그렇게 해서는 자신이 진짜 바라는 바가 정확히 전달되지 않습니다.

여기서 이해해야 할 중요한 사실이 있어요. 상대의 마음이 상하거나 서운함이 드는 것은 나 때문이 아니에요. "너 때문에 화가 나." "너 때문에 행복해." 이런 말은 사실 틀린 말입니다. "네가 나를 화나게 만들어." "시부모님이 나를 화나게 해요." "내가 시부모님을 서운하게 했어요." 이런 말도 사실이 아닙니다.

이 며느리가 화가 난 것은 시부모 때문이 아니라, 며느리 자신의 욕구가 좌절되어서 그래요. 만약 시부모가 서운해하신다면 그것 역시 며느리 때문이 아니라, 시부모 자신의 욕구가 좌절되어서 그래요.

"가족인데 언제까지 안 그런 척하실 거예요? 오래 편하게 지내려면 잠깐의 불편함은 감수해야죠."

우리에게 분노, 행복 같은 감정이 생기는 진짜 이유는 우리에게는 '바람' '욕구'가 있기 때문이에요. 이 며느리는 퇴근 후 집에서 편하게 쉬면서 아기와 함께 있고 싶은 바람과 욕구가 있는데, 그 욕구가 좌절되어서 속이 상한 겁니다. 이분에게 그런 욕구가 없었다면 시부모님이 댁으로 늦게 돌아가는 것이 별로 불편하거나 힘들지 않았을 거예요. 반대로, 이 며느리가 시부모님께 "저녁 7시쯤 댁으로 돌아가시면 좋겠어요"라고 말했을 때 그분들이 서운해하신다면, 그것은 그분들이 아들과 며느리, 손주와 함께 오래 있고 싶은 바람이 있기 때문입니다.

그렇다면 상대의 감정이 상하지 않게 어떻게 내 욕구를 이야기할까요? 가장 먼저, 상대의 감정이 상하는 것이 나 때문이 아니라는 것을 이해할 필요가 있습니다. 그런 다음 상대의 욕구를 알아주는 것이 중요합니다. 아들과 며느리, 손주와 저녁마다 시간을 함께 보내고 싶으신 시부모님 마음에 공감하는 것이죠. 그리고 내 욕구도 정확히 이야기해야 합니다. "어머님, 아버님, 매일 저희 아이를 봐주셔서 감사해요. 하지만 저도 저만의 편안한 시간이 필요해요"라고.

그래야 서로가 만족할 만한 타협점이 생깁니다. 상대의 욕구 충족을 도우면서 내 욕구도 함께 충족할 방법을 몇 가지 마련해서 제안하는 것도 좋습니다. 상대에게 선택할 여지를 서너 가지 던져주는 것이죠. 그 과정에서 서로 갈등이 생길 수도 있고 누군가의 마음이 불편해질 수도 있습니다. 내가 원하는 것을 얻으려면 그런 갈등과 불편함은 감수해야 합니다.

"서비스를 파는 게 아니라 마음을 주고 계신 시부모님께 감사하는 마음이 필요해요."

가족은 오래 함께할 대상입니다. 시부모님이 어렵다고 '척'해서는 안 되고 자신의 진짜 모습을 보여주어야 할 이유입니다. 문제는 그 본모습을 언제 보여줄 것인가? 하는 것이죠.

진짜 원하는 것을 툭 터놓고 이야기하세요. 그 순간 서운해하셔도 오래도록 가족으로 지내려면 감수해야 할 과정이에요.

이 며느리에게는 다음과 같은 방법이 있습니다. 첫째, 자신과 시부모님의 욕구 모두를 충족할 방법을 적극적으로 찾는 것입니다. 가령, 일주일에 하루 정도 요일을 정해서 부부끼리 외출해서 데이트를 하거나 아니면 친구를 만나 노는 것이죠. 둘째, 시부모님이 알아서 자신을 배려해주기를 기다리며 힘들어도 지금처럼 참는 것입니다. 끝으로, 순간의 갈등을 감수해서라도 며느리의 본모습을 드러내 시부모님과 허물없이 지낼 수 있도록 관계를 재정립하는 것입니다. 이 가운데 선택하세요.

물론 자신의 욕구를 다 만족시키며 살 수는 없죠. 그런 사람은 없습니다. 그러나 아무리 그래도 어느 정도는 만족시킬 필요가 있어요. 그러면서 며느리가 잊지 말아야 할 것이 있습니다. 바로 시부모님에 대한 감사한 마음입니다. 왜냐하면 시부모님은 돈을 받고 서비스를 제공해주는 분들이 아니라, 마음을 주고 계시기 때문입니다.

"남자 조심해!" "그러다 망한다!" "쓸데없는 걸 왜 자꾸 사오니?"

　사랑하는 자녀들에게 이 같은 부정적인 말들로 상처 주는 부모님들이 있습니다. 자녀가 미워서 그런 걸까요? 아니죠. 자녀가 걱정돼서 하는 소리입니다. 그러나 부정적인 말은 하는 사람, 듣는 사람 모두의 마음을 어둡게 하고 부정적으로 바꿀 수 있습니다. 그럼 어떻게 해야 할까요? 해법은 자녀분이 부모님의 부정적인 이야기에 긍정적으로 반응하는 것입니다. "엄마는 어떻게 그런 기발한 생각을 다했어?"라고 긍정적인 면을 인정해주세요. 그런 다음 자신이 원하는 바를 정확히 이야기하세요.

> "가족한테는 항상 부정적인 엄마, 관계를 끊을 수도 없고…
> 어떻게 대응해야 할까요?"

걱정돼서 그러는 거예요.
그 마음에 공감해주어야
다음 스텝을 밟을 수 있어요

●

남들에게는 무척이나 관대하고 포용적인 반면, 유독 따님들에게는 부정적인 이야기만 하는 어머니 이야기입니다. 막내딸이 어머니에게 남자친구를 소개할 때마다 남자에 대한 부정적인 이야기만 하도 늘어놓은 바람에 이 딸은 결혼 생각까지 아예 사라졌다는군요.

Q_

저는 세 자매의 막내예요. 언니 둘은 결혼했고 저는 미혼입니다. 그런데 매사에 부정적인 엄마 때문에 너무나 스트레스를 받고 있어요.

70대 초반이신 엄마는 남들에게는 얼마나 좋은 사람으로 인정받는지 몰라요. 이해심이 넓다, 따뜻하다, 너무 착하다 등등 주변에서 우리 엄마에 대해 하는 이야기를 들으면 솔직히 가증스러울 정도예요. 왜냐하면 우리 자매는 엄마의 이중성을 잘 알고 있거든요.

엄마는 딸들한테는 잔인하리만치 부정적인 분이에요. 다른 사람들이 뭐 이야기하면 무조건 좋은 쪽으로 해석해줘요. '괜찮다, 그럴 수 있다, 대단하다, 착하다, 대견하다' 등등 항상 좋은 말씀만 해주시는데 우리 딸들에게는 정반대로 부정적인 말씀만 하세요. 친구 칭찬을 하면 "친구가 다 좋은 줄 아니? 그러다 뒤통수 맞는다." 회사 자랑을 하면 "순진하긴… 사장님 믿지 마라." 사업을 하는 언니에겐 "그러다 쪽박 찬다."

아무튼 우리가 엄마에게 뭐 좋다는 이야기를 할 때 한 번을 맞장구쳐주시질 않아요. 제가 남자친구 사귈 때마다 엄마가 남자들의 부정적인 면을 어찌나 많이 이야기하시던지…. 자상한 남자친구를 사귈 때는 '남자는 언제 어떻게 돌변할지 모른다, 결혼 전과 결혼 후는 완전히 다르다, 20대 때와 40대 때는 또 다르다'는 이야기를 잔뜩 늘어놓고, 잘생기고 능력 있는 남자친구를 사귈 때는 '남자가 인물이 좋으면 바람을 피운다, 남자가 완벽하면 아내 무시한다, 시댁에서도 무시당한다'는 이야기를 잔뜩 늘어놓았어요. 가난하면 가난한 대로, 부유하면 부유한 대로 부정적인 면만 하도 이야기해서 저는 이제 결혼 생각이 아예 없어요.

제가 잠깐 온라인 액세서리 쇼핑몰을 운영했는데 엄마는 자영업자가 왜 망하는지 한참을 설명하더군요. 결국 엄마 말처럼 폭삭 망해서 사업을 접었죠. 빵이나 떡 선물세트를 사다 드리면, 몸에 좋지 않다며 손도 대지 않으시고 과일이나 고기는 입맛 없다고 안 드세요. 옷을 사다 드려도 좋아하는 기색이 없고, 화장품도 반기질 않으세요. 며칠 전에는 제가 친구와 '라이온 킹'이라는 영화를 보러 가는데 엄마가 이러시는 거예요. "그렇게 해외영화만 보니까 경제가 안 좋은 거야."

친구 앞에서 제가 얼마나 민망했는지 몰라요.

결혼한 언니들은 엄마한테 질렸다며 전화 통화도 거의 안 해요. 엄마와 매일 같이 사는 저는 사사건건 부딪히는데 어떻게 대응해야 할지 모르겠어요. 가족한테만 극단적으로 부정적인 말을 쏟아내는 엄마가 점점 싫고 미워요. 엄마 말처럼 제 미래도 부정적이 될 것만 같아요. 엄마한테 제발 그러지 말라고 아무리 하소연해도 바뀌질 않아요. 언니들처럼 엄마와 대화를 끊는 방법이 최선일까요?

A_

"답은 공감이에요. 딸이 걱정되는 엄마의 마음, 엄마에게 칭찬 받고 싶은 자신의 감정에 공감해주셔야 해요."

엄마에게 대응하는 적절한 방법은 공감적 반응을 하는 동시에 자신의 필요를 요청하는 것입니다. 공감적 반응을 하기 위해 알면 좋은 '대화의 문법'이 있습니다.

일단, 우리가 하는 모든 말과 행동 뒤에는 그것으로 표현하고자

하는 욕구(needs/want)가 있음을 이해하는 거예요. 그런 다음 자기 공감이 필수입니다. 이분의 경우, "엄마의 부정적인 말을 들으면 내 감정은 어떤 영향을 받는가? 분노, 실망 같은 내 감정은 내 안에 있는 어떤 필요가 계속해서 좌절되고 있음을 알려주는가? 나도 엄마에게 칭찬과 인정과 지지를 받고 싶고, 내 생각을 존중받고 싶다. 긍정적인 말도 듣고 싶다"라는 생각에 집중해보세요.

그렇게 자기 공감을 했다면, 엄마가 부정적인 말을 하는 진짜 이유가 무엇일지도 생각해봐야 합니다. 엄마가 그런 말로 표현하는 감정과 욕구는 무엇일까요?

엄마는 딸이 걱정되는 것 같아요. 딸이 잘됐으면 좋겠다는 마음을 그런 식으로 표현하고 있습니다. 딸은 그런 엄마 마음을 이해할 필요가 있어요. 성격적 특성으로 볼 때 어머니는 직관이 뛰어나고 사고형과 감정형의 중간 정도에 있어서 다른 사람과의 관계를 중요하게 여기고 있습니다. 그래서 남들에게 칭찬과 인정의 말을 잘 해주시는 겁니다.

게다가 어머니는 분석적 사고력도 우수해서 모든 팩트를 정확히 이야기하고 계세요. 딸 입장에서 부정적인 말이라고 하는 것들이 엄마 입장에서는 정확한 팩트를 알려주는 것일 수 있어요. 어머니 같은 분들은 자신이 사랑하는 사람의 안전과 건강이 가장 중요하기 때문에 팩트 폭력을 통해(우리가 흔히 부정적인 말이라고 하는) 부정적인 측면들을 들춰내서 상대가 그런 부분을 피해가기를 바랍니다.

어머니가 자신의 그런 욕구를 이야기하지 않기 때문에 오해가 생기는 거예요. 또 어머니의 부정적인 말들이 듣는 딸의 욕구와 상충돼서 갈등이 있었던 거고요. 예를 들어, 만약 딸이 남자에 대해 조심할 사항을 알고 싶었다면, 엄마가 알려준 남자에 대한 부정적인 팩트는 고급 정보가 되었을 거예요.

그러나 딸이 진짜 원하는 것은 그게 아니죠. 딸은 엄마에게서 지지와 인정, 칭찬을 받고 싶고 감정을 공유하고 공감받고 싶기 때문에, 딸 입장에서는 엄마의 이야기가 잔소리 또는 비난으로 다가오기가 쉬워요. 대화할 때 감정 언어와 욕구 언어를 사용하지 않는 것이 이 모녀의 근본적인 문제예요.

"'걱정 좀 그만해!'라고 하지 마시고 '그런 생각을 다 하다니 우리 엄마 대단해!'라고 공감해주세요."

딸은 왜 힘들까요? 딸은 엄마가 부정적인 말로 자신을 걱정해주지 않아도 괜찮아요. 대신에 진심으로 딸을 생각하고 사랑하는 마음을 긍정적인 언어로 말해주기를 바라고 있어요. 그런 욕구가 채워지지 않아서 딸은 힘든 거예요. 그런데 엄마에게도 그런 긍정적인 반응이 필요하다는 것 알고 있나요?

엄마가 하는 말씀에 감탄해드린 적이 있나요? "어떻게 그런 기발한 생각을 하셨어요?"라고 인정해드린 적은 있나요? 사실 딸이 그런 반응을 해주려면 엄마가 먼저 해줄 필요가 있지만, 엄마도 외할머니에게서 그런 말을 듣지 못해서 그런 말을 할 줄 모르는 거예요. 엄마는 딸에게 도움이 되고자 하는 마음을 걱정의 표현으로 한 것이므로, 엄마 입장에서 딸은 고마운 줄도 모르고 부정적으로 반응하고 반박하면서 엄마의 마음을 무시했다고 여길 수 있어요. 그러면서 모녀 관계가 멀어진 것 같습니다.

자신을 걱정해서 이야기하는 사람에게는 "걱정 좀 그만해!"가 아니라 "그런 점에 대해 생각해본 적 없는데 그럴 수 있겠다"라고 공감해주는 것이 효과적입니다. '걱정은 사랑의 검정색 옷'인 경우가 많거든요.

부정적인 말(욕도 마찬가지)을 많이 하는 사람은 듣는 소리도 부정적인 내용이 많기 때문에 뇌가 부정적으로, 걱정하는 뇌로 바뀌기 쉽습니다. 그러니 듣는 사람이 긍정적인 말로 반응해줄 필요가 있습니다. 따님께 권해드릴 것은 엄마의 말에 칭찬, 인정, 감사, 공감, 격려로 반응하는 연습을 하는 것입니다. 따님도 부정적인 말에 영향을 받았으니 따님의 뇌에도 긍정적인 말이 필요해요. 주변 사람들 중에 긍정적인 말을 많이 하는 사람을 찾아 대화할 필요가 있습니다. 감사와 같은 긍정적인 이야기와 긍정적인 노랫소리에 자신을 노출시키다 보면, 서서히 변합니다.

그리고 엄마에게는 이렇게 요청하세요.

"엄마! 나도 엄마한테 따뜻한 말, 격려의 말, 사랑한다는 말, 내 딸로 태어나줘서 고맙다는 말, 너를 믿는다는 말 듣고 싶어. 그런 말 많이 해줘!!"

자녀가 엄마 또는 아빠의 정서적 배우자로 엄마 또는 아빠의 욕구를 대리충족해주는 역할을 할 경우, 문제가 심각해질 수 있습니다. 자녀의 독립이 어려워지기 때문이죠. 자녀가 부모의 정서적 배우자 역할을 그만두고 정서적으로 독립하기 위해서는, 대리충족자 역할을 죄책감 없이 거절하는 방법이 최선입니다. 사랑하는 사람의 부탁을 거절하기란 결코 쉬운 것이 아닙니다. 관계가 나빠질까 봐 걱정돼서 그런데요. 불편한 감정을 남기지 않고 거절하는 방법을 배울 필요가 있어요.

#05 / 엄마

"겉으로는 쿨한 척하면서, 며느리 일에 집착하는 우리 엄마, 대체 왜 이러실까요?"

이 어머니 대체 왜 이러실까요?
외로우셔서 그런 것 같아요

●

아버지와 이혼해 오래도록 혼자 살아오신 어머니. 말로는 간섭할 생각이 전혀 없다지만, 결혼한 아들과 며느리의 일거수일투족에 관심을 기울이는 것이 거의 집착 수준이라고 합니다. 그동안 따님이 엄마와 오빠 부부 사이를 지켜주었는데 이제는 그것도 한계에 이르렀습니다.

Q_

저희 가족은 엄마와 오빠, 그리고 저 이렇게 세 명입니다. 엄마는 제가 어릴 때 이혼하셨고 오빠는 4년 전에 결혼해 아이 없이 새언니와 알콩달콩 잘 살고 있습니다. 엄마와 저는 오빠 집과 가까운 거리에서 둘이 살고 있고요.

저희 엄마는 자신이 아주 쿨하고 세련된 시어머니라고 생각하세요. 본인은 여느 시어머니와는 거리가 멀고 며느리를 진짜 '딸'처럼 위해 줄줄 아는 따뜻한 시어머니라고 믿고 있죠. 엄마는 새언니한테 늘 이렇게 말씀하시죠. "난 너희 살림에 참견할 생각 없다. 나 신경 쓸 것 없고 너희만 잘 살면 돼." "나를 시어머니라고 생각하지 말고 친정 엄마처럼 생각하렴."

하지만 그거 다 뻥이에요. 엄마는 그 어떤 시어머니보다 아들과 새언니한테 관심이 많은 사람이랍니다. 거의 집착 수준이에요. 매일 눈 뜨면 엄마는 저한테 오빠와 새언니 이야기를 쏟아내세요. "카톡 프로필 사진이 바뀌었네." "둘만 어디 맛있는 것 먹고 왔나 보네." "주말에 어디 여행 갔었나 보네." "네 새언니, 명품백 샀나 보네." "친정 식구들하고 고기 먹으러 갔나 보네." 등등 정말 들어주기 힘들 정도예요. 엄마의 집착은 거의 스토커 수준이에요.

게다가 어찌나 새언니 흉을 보는지, "얘는 며칠째 전화가 없네." "자기 친정만 챙기네." "남편이 벌어다 준 돈 함부로 쓰는 것 같네." 등등 저는 옆에서 들어주는 것도 이제 지쳤어요. 저는 우리 엄마 때문에 일부러 오빠 부부에게 관심을 끄려고 해요. 새언니한테는 전화도 안 하고 오빠한테도 특별한 용건이 없는 한 연락하지 않아요. 엄마 때문에 괜히 새언니한테 미안하거든요. 그리고 엄마가 하는 말에 이젠 별 반응을 안 해요. 전에는 일일이 반응했었는데 그러다 보니 엄마가 저한테 너무 의존하는 것 같아서요. 엄마는 그런 제가 불만이죠.

거기서 끝나면 괜찮은데, 엄마는 며느리한테 궁금한 것을 자꾸 저를 시켜서 물어보게 하세요. 주말에 같이 저녁 먹자고 새언니한테 말하라는 심부름은 애교 수준이고, 카톡 사진 보니까 친정 식구들끼리 어디 다녀왔나 본데, 어디에 며칠간 다녀왔는지 물어보라고까지 하세요. 그럴 때마다 제가 새언니한테 어찌나 민망하고 미안한지 몰라요.

얼마 전에는 회사에서 일하고 있는데 엄마가 전화하셔서, "내가 말한 것처럼 하지 말고, 새언니한테 여름휴가를 우리 가족 다 같이 제주도 여행 가자고 이야기해"라고 시키는 거예요. 그래서 제가 대놓고 말했죠. "엄마 제발 그러지 마. 새언니도 엄마가 시킨 거 다 알 거야. 요즘 며느리들이 눈치가 얼마나 빠른데. 자꾸 그러면 며느리가 싫어해." 그래도 우리 엄마는 말을 듣지 않으세요.

우리 엄마 도대체 왜 이러실까요? 시한폭탄처럼 언젠가 크게 터질까 봐 전 정말 걱정이 돼요. 제가 어떻게 해야 엄마와 며느리 사이가 잘 지켜질까요?

A_

"그래도 따님 덕분에 4년간 시어머니와 며느리가 잘 지내신 거예요. 앞으로가 문제죠."

어머니에게 정서적인 배우자는 결혼하신 오빠와 딸인 것 같습니다. 일찍이 이혼하신 어머니에게 자녀는 정서적인 대리배우자가 되기 쉬워요. 대리배우자인 오빠가 결혼한 뒤에 남겨진 어머니의 삶은 어떨까요? 또 다른 정서적 대리배우자인 딸에게 자신의 힘든 마음을 토로하고, 자신이 원하는 것을 딸이 대신 이루어주기를 기대하고 압력을 가합니다.

이 어머니의 삶에서 자식은 자신의 모든 욕구의 대리 충족자였을 가능성이 높습니다. 그렇다면 문제가 심각해집니다. 자녀가 성인이 되어 심리적, 정서적, 재정적, 물리적 독립을 이루어가는 시기에 부모가 그것을 방해하기 때문에 그래요. 따님은 "제가 어떻게 해야 엄마와 며느리 사이가 좋게 지켜질까요?"라고 물으셨는데, 그나마 따님 덕분에 지난 4년간 엄마와 며느리가 사이좋게 지낼 수 있었습니다.

따님은 엄마의 말에 반응하지 않고, 오빠와 새언니의 삶에 가급적 무관심하기로 했어요. 오빠 부부와는 적절한 거리를 두고 엄마가 강한 압력을 넣을 때까지 엄마의 말에 무반응하면서 오빠 부부의 결혼생활을 보호해 오신 거예요. 이 점은 며느리가 알고 고마워해야 하죠.

"따님 자신이 엄마로부터 정서적으로 독립해야 해요."

이제 따님이 고민해야 할 것은 엄마와 며느리 사이에 흠집이 생기지 않도록 지켜주는 것이 아니에요. 따님은 자신이 4년간 오빠 부부를 지켜온 방파제 역할에 한계가 온 것을 고민해야 해요. 엄마가 딸의 거부를 용납하지 않고 계속해서 딸에게 압력을 넣을 가능성이 높고, 딸은 엄마의 바람을 거절하는 것에 죄책감을 느끼면서 한계에 부딪힌 것 같아요.

따님이 고부관계를 좋게 유지하는 데 도움을 주려면 어떻게 하면 좋을까요? 궁극적으로 따님 본인도 어머니로부터 정서적으로 독립해서 자신의 삶을 살아가고, 어머니도 진짜 따뜻하고 쿨한 시어머니(혹은 장모)가 되게 하려면 이 따님은 어떻게 하면 좋을까요?

답은 거절하기입니다. 그것도 죄책감 없이 거절하기.

우리는 거절하기가 쉽지 않아요. 특히 사랑하는 사람이 하는 부탁을 거절할 때는 죄책감이 들기도 하죠. 지금 거절하는 것이 합리적인 선택이라는 것을 알면서도, 도움을 구하는 사랑하는 사람에게 "안 돼"라고 말하기는 결코 쉽지 않아요. 그래서 미묘한 불편한 감정을 피하기 위해 상대방의 무리한 부탁을 들어주고는 나중에 피로감을 느낄 때가 많습니다.

왜 거절하기가 쉽지 않을까요? 내가 거절하면 우리 관계가 불편해지고 관계가 나빠질까 걱정해서 그럴 때가 많습니다. 사실 거절하는 법은 단순해요. 중요한 것은 거절한 이후의 불편한 마음을 더는 것이죠. 그러려면 이 따님의 경우, 우선 엄마의 요청을 거절해야 하는 이유를 명확히 정리할 필요가 있어요.

따님에게 정말 중요한 것이 무엇인가요? 엄마와 새언니와의 관계를 고민하게 전에 그것을 먼저 생각해야 해요. 가령, 엄마는 본인이 며느리에게 잘 보이려고 따님을 이용하고 있는데, 따님은 거기에 본인의 시간과 에너지를 투자하지 않겠다는 의지가 필요해요. 그래야 엄마로부터 정서적으로 독립할 수 있고, 그것이 따님에게는 더 중요한 문제예요.

"따님 혼자 너무 오래 무거운 짐을 지고 있었어요."

엄마의 요구를 거절하면서 대안을 제시하는 것도 좋아요. 내가 귀찮아서 거절하는 것이 아니라는 의미를 전하는 것이죠. 가령, 엄마가 오빠 부부와 여행할 궁리를 마련하라고 따님에게 시키면, 따님은 엄마가 친구들과 놀러가는 방법은 궁리해볼 수 있다고 말하는 거예요.

엄마의 요구를 거절할 때 일단 공감해주는 것도 좋은 방법이에요. 엄마도 사람이고 여자라고 생각하고 같은 여자 입장에서 이해해주는 것이죠. 이렇게 말씀하세요.

"엄마에게 전부 같던 오빠가 결혼하고 나니 엄마 많이 외롭고 허전하겠어. 새언니가 엄마 말고 자기 식구들만 챙기는 것 같아서 서운하고 부럽지? 차마 그걸 엄마 입으로 새언니에게 말하면 새언니랑 관계가 나빠질까 봐 말도 못하고, 그래도 편하니까 나한테 말하는 거지?"

그렇게 일단 공감해주면 엄마 마음이 좀 풀릴 거예요.

엄마에게 거절하는 이유를 설명할 때 정직하게 이야기할 필요가 있어요. "자꾸 그러면 며느리가 싫어해"라고 하지 마세요. 엄마도 며느리가 싫어하는 거 알고 딸한테 압력을 넣는 거잖아요. 대신 이렇게 말하세요. "엄마 나도 힘들어. 엄마가 내 이야기도 잘 들어주고 엄마 스스로 행복했으면 좋겠어. 이제는 나도 오빠도 각자의 삶을 살아야 해."

끝으로 한 가지 더. 오빠와 상의해서 가능하다면 엄마와 오빠 단둘이서 이별여행을 다녀오는 것도 좋아요. 그동안 사랑해주신 것 감사하고 이제는 다른 여인의 짝으로 잘 살겠다는 이별을 알리는 시간이 필요한 것이 엄마도 자식을 떠나보낼 때 많이 아프거든요.

그동안 따님 혼자 너무 오래 그 짐을 지고 있었어요. 이제 그 짐을 내려놓으시길 바랍니다

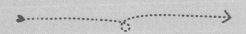

부모가 부부 문제에 자녀를 끌어들이는 경우가 있습니다. 자식을 자기편 만들어서 배우자를 소외시키려는 전략이죠. 아빠가 엄마에게, 혹은 자녀에게 불같이 화내는 이유는 인정받기 위해, 또 사랑하기 때문입니다. 인연을 끊고 싶을 정도로 아버지가 미운 아들은 아버지의 그런 마음에 공감해줄 필요가 있어요. 그리고 선택할 필요가 있어요. 아버지와의 관계를 개선하고 싶다면 아들이 주도적으로 나서야 하고, 그렇지 않다면 부모의 부부 관계에 개입하던 것을 그만두고 정신적, 물리적으로 독립해야 해요.

**"집에서 걸핏하면 버럭하는 아버지,
인연을 끊고 싶습니다"**

아버지는 왜 가족에게 화만 낼까요?
너무 슬프지만 사랑해서 그래요

엄마에게 학대 가까운 폭언을 일삼고, 자식들에게도 심한 말을 함부로 하고 불 같이 화만 내는 아버지. 장남인 아들은 아버지와 갈등을 견디다 못해 심지어 인 연을 끊고 싶어 합니다.

Q_

저는 30대 초반으로 삼남매 중 장남입니다. 걸핏하면 가족들에게 화만 내시는 아버지 때문에 너무 힘듭니다. 저희 아빠는 늘 엄마에게 잔소리와 폭언을 퍼부으시고 우리한테도 좋게 말씀하시는 법이 없 어요. 할머니, 할아버지가 그러시는데 아빠는 어렸을 때부터 사고도 많이 쳤고 부모님과도 사이가 좋지 않았다고 해요. 지금은 사이가 좋아지셨지만 옛날 얘기만 꺼내면 할머니, 할아버지는 그다지 좋아하지 않으세요.

아빠는 "고맙다" "미안하다"는 말은 절대 하지 않으시고, 기본적으로 화가 많은 사람이에요. 엄마한테는 "음식도 제대로 못 하고 도대체 할 줄 아는 게 뭐냐?" 같은 말을 스스럼없이 하세요. 엄마가 사소한 실수를 하나라도 하면 불같이 화를 내고요.

엄마가 김치라든가 음식을 맛있게 잘 하지는 않으세요. 솔직히 살림을 잘하시는 편은 아닙니다. 그렇다고 아빠가 대놓고 엄마한테 저런 심한 말을 한다는 게 저는 이해가 되지 않고 고생하신 엄마가 너무 불쌍해요. 엄마는 그런 심한 말을 듣고도 아무 대꾸도 하지 않아요. 정말 답답할 정도로 착한 분이세요. 이혼 위기까지 갔던 적이 몇 번 있었는데 저랑 여동생이 너무 어릴 때여서 엄마가 그냥 참고 사시는 것 같아요. 아빠한테 모욕적인 말을 들으면서도 오히려 더 잘해주려고 하는 모습이 보여요. 요리를 해도 제일 맛있는 부분은 아빠에게 드리고 과일도 깎아주고 말도 먼저 걸어주고 아무 일 없는 것처럼 행동하세요.

아빠는 제가 뭐라고 말만 하면 "이 자식, 옛날에 나는 할머니, 할아버지한테 찍소리도 못했어!" "너, 어디 그래봐라, 넌 끝이야!" 이런 식으로 말씀하시니… 예전에는 아빠와 관계를 풀어보고 싶다는 생각이 아주 조금은 있었는데 이제는 1도 없습니다. 아빠와는 말도 안 섞은 지 한 달이 넘었어요. 아빠는 우리 가족이 아닌 것 같아요. 솔직히 아빠와 인연을 끊고 나가서 따로 살고 싶은데, 결혼도 해야 하고 명절날 안 볼 수도 없고… 저는 어떻게 하면 좋을까요?

A_

"아버지의 지지와 격려에 목마르지 않은 자식은 세상 어디에도 없어요. 그러나 부모님에게서 정신적으로 독립하셔야 해요."

이분의 질문은 이런 뜻인 것 같아요. "아버지와 인연을 끊고 결혼하고 명절날에 아버지를 보지 않아도 저 괜찮은 자식인가요?"

부모도 자녀가 가끔은 미울 때가 있지만 그 마음을 표현하기가 어렵습니다. 자신이 나쁜 부모 같아서 죄책감과 수치심에 시달리거든요. 마찬가지로 자녀도 부모가 밉고 원망스러울 때가 있어요. 부모님이 한편으로는 고맙기도 하지만, 답답하고 힘들어서 거리를 두고 싶기도 하고 가끔은 안 보고 싶기도 하죠. 그런 미움과 원망스러움을 가지고 있으면, 폐륜이라는 생각이 들어서 힘들고 죄책감이 들어요.

이 아들에게 아버지는 어떤 의미일까요? 이 아들은 왜 엄마에게 좀 더 연민을 느낄까요? 추측컨대, 이 아들이 아버지에게 분노하는 것은 엄마의 감정을 대신 표현하는 것 같습니다. 부모님들이 자신의 부부 관계에 자식을 개입시키는 경우가 종종 있어요. 자식을 자기편으로 끌어들여 다른 쪽 부모를 소외시키려는 전략이죠. 죄송하지만

이 아들의 어머니는 착하지 않습니다.

아들은 아버지도 좋아하지만 원래 엄마를 더 좋아합니다. 그런데 내가 좋아하는 엄마에게 이미 남자가 있어요. 그래서 아들은 성장하면서 아버지에게 경쟁의식을 느끼기도 하고 내가 사랑하는 여자를 그 남자가 어떻게 대하는지를 유심히 살펴봅니다. 그러면서 엄마가 그 남자(아버지)를 좋아하고 잘해주면 그 남자를 롤 모델 삼아서 그 남자를 닮아가며 성인 남성이 됩니다. 그러면서 자율성을 인정받고 싶고 아버지를 넘어서고 싶어서 아버지와 경쟁하고 반항하고, 때로는 관계를 끊고 독립하기도 합니다.

이때 아버지와 어머니가 싸우고 관계가 좋지 않으면 자녀는 자연스럽게 한쪽 눈치를 보게 됩니다. 그리고 이분처럼 좀 더 불쌍해 보이는 엄마 편을 들면서 아버지를 더 미워하게 됩니다.

일단 이 아들은 부모님의 결혼생활에서 독립하시는 게 좋아요. 아버지가 어머니에게 폭언을 가하시고 어머니는 찍 소리 못하고 착하게 행동하는 모습을 볼 때, 본인은 어떤 느낌이었나요? 그럴 때 아들은 보통 자신도 엄마처럼 아버지에게 착하게 굴어야 하나 하는 두려움을 느낍니다. 왜냐하면 아들은 아버지의 인정을 받고 싶기 때문이죠. 사랑하고 존경하는 부모님, 특히 아버지의 지지와 격려에 목마르지 않은 자식은 세상 어디에도 없습니다.

아버지가 집에 와서 엄마에게 화를 내고, 자녀가 하는 말에 틀렸다고 화를 내고, 자녀에게 지원을 끊겠다고 하면 자녀는 그런 아버지의 말과 태도 앞에서 초라해져 버립니다.

그럼 이 아버지는 왜 자꾸 화를 내실까요? 가족들에게 인정받지 못해서 그렇습니다. 이 가족은 노골적으로 표현하지는 않지만 아버지에 대해 적대감 내지는 무시(?)하는 마음을 가지고 있어요. 아버지가 어릴 때부터 사고를 많이 쳤다는 말 속에는 아버지의 행동은 근본적으로 잘못되었다는 인식이 있습니다. 가족들에 대한 아버지의 헌신과 사랑에 대해 인정하고 감사하는 태도는 보이지 않고요. 그것이 아버지에게 무언의 분위기로 전달되므로 아버지는 집에서 늘 화가 나는 겁니다.

"아버지는 가족들에게 인정받지 못하고 무시당한다고 느끼고 있어요."

사실 남들에게 인정받는 것은 남자의 존재 이유예요. 그런 인정은 말과 행동, 표정 등으로 전달되죠. 가장인 아버지는 사랑하는 가족들이 자신으로 인해 행복하고 편안하면 좋겠는데, 본인이 가족들을 고생시키는 것 같은 느낌이 가족들의 말이나 행동으로 표현되면 인정받지 못한다고 인식하기 쉽습니다. 엄마가 요리를 못하고 살림에 서툰 것도, 아버지 입장에서는 자신을 무시하는 것처럼 여길 수 있어서 화를 내는 것입니다. 그래도 어머님이 잘하시는 것이 하나 있는데, 남편에게 맛있는 음식을 우선적으로 챙겨주고 과일도 깎아주시는 것은 아주 좋아요.

그럼 아버지가 자식들에게 불같이 화내는 이유는 뭘까요? 너무 슬픈 이야기이지만 사랑해서 그렇습니다. 잘되라고 협박이라도 해서 본인이 그나마 지원해줄 수 있을 때 뭐라도 자리를 잡으라고 화를 버럭버럭 내는 겁니다. 자신이 초라하게 느껴질수록 아버지는 집에서 더더욱 화를 냅니다. 하는 일이 잘되지 않으면 자신의 무능감과 열등감이 가족 안에서 가장 많이 확인되는 것 같아서 화를 내는 거죠.

"아들은 아버지와 관계를 회복하고 싶은 마음이 1도 없다고 하셨는데 과연 사실일까요?"

아버지들이 배우지 못한 말이 있습니다. "사랑한다" "고맙다" "미안하다" 자식들이 듣고 싶어 하는 이런 말들을 아버지들은 배우지 못하셨어요. 이 부자는 관계가 개선되려면, 아들이 아버지를 넘어서서 아버지를 품어야 합니다. 그러기 위해 아들은 일단 정서적으로 거리를 둘 필요가 있어요. 특히 어머니와 거리를 두세요.

그리고 아들도 본인이 부모님께 받고 싶은 것, 듣고 싶은 말을 표현해야 합니다. 그러다 보면 화가 날 수 있어요. 왜냐하면 아버지는 자식이 잘못될까 봐 두려워서 화를 더 낼 수 있거든요. 아들은 부모님의 고마운 점, 감사한 것을 잘 생각해보시고 부모님이 고생하신 것들을 인정해주는 말을 건네 보세요.

본인이 힘들면 이런 시도는 당분간 안 해도 됩니다. 부모님과 떨어져서 살아도 괜찮아요. 내 정서가 편안해져야 부모님께도 좋은 마음을 표현할 수 있기 때문이에요. 그것은 자식을 키울 때도 마찬가지입니다.

아버지가 화를 많이 낸다는 것은 자신이 원하는 만큼 일이 잘 되지 않아서 속이 많이 상했다는 뜻입니다. 아버지가 본심을 털어놓도록 도우려면 아들 자신이 에너지가 넘치고 행복해져야 합니다.

우리는 부모에게 한없이 바라기만 하고 우리가 부모에게 뭔가를 주어야 한다고는 잘 생각하지 않죠. 하지만 괜찮습니다. 그것이 부모와 자식의 일방적인 짝사랑이거든요. 이 아들의 경우, 아버지를 계속 원망해도 좋습니다. 그게 자식의 특권입니다. 단 그런 상태가 견디기 힘들면 아버지와 마음을 풀고 화해하면 되는 거예요.

제4장

양육, 그리고 자녀와의 관계

먼저 행복한 나, 행복한 부부가 돼라

　대가 없는 헌신적인 사랑을 오래 지속할 수 있는 사람은 많지 않아요. 아무리 자녀라 해도 엄마의 사랑을 알아주지 못하고 매일 똑같은 잘못을 한다면 엄마도 자녀를 미워하는 게 자연스럽습니다. 엄마가 자녀를 무조건 사랑하는 것이 당연한 거 아니냐고요? 세상에 당연한 건 없습니다. 어머니는 자신에게 정직해지고 죄책감에서 벗어나야 합니다. 이 어머니는 육아를 도와주지 않는 남편에 대해서도 당위적인 사고에 갇혀서 원망이 커졌을 가능성이 높습니다. "나쁘고 이기적인 남편이야. 아버지로서 남편으로서 당연한 책임을 회피하고 있어." 당연한 일이 많은 사람은 그 당연한 것이 안 될 때 분노가 생깁니다.

"죽도록 미워하다가 후회하고…
딸을 어떻게 사랑해야 할지 모르겠어요."

딸 사랑해서 뭐 하시게요?
그럼 죄책감이 좀 덜어질까요?

두 딸을 똑같이 사랑해주지 못하는 어머니의 고민입니다. 알아서 자기 일을 잘하는 착한 둘째 딸은 예쁘지만 아무리 잘해줘도 고마운 줄 모르고 산만하고 자기 멋대로인 첫째 딸은 너무 밉다고 해요.

K는 고2, 중3 두 딸을 둔 엄마입니다. 첫째를 낳고 직장을 그만두 었다가 아이가 세 살쯤 다시 공부해서 취직했는데, 남편은 매일 야 근이라 아이를 돌보는 게 온전히 K의 책임이 되면서 K는 어쩔 수 없 이 직장을 그만두어야 했습니다. 일이 너무 하고 싶지만 살림, 육아 를 혼자 도맡으면서 어머니는 버틸 수 없는 지경에 이르렀다고 합 니다.

두 딸은 '결'이 너무나 다른데, 문제는 첫째 딸입니다. 자식끼리 비교해서는 안 되고 자식을 있는 그대로 믿고 사랑하며 기다리는 것이 부모의 당연한 소임인 것을 잘 알지만, 매순간 자잘한 문제들에 부딪치다 보면 하루하루가 고되고 어머니 노릇을 포기하고 싶은 마음마저 든다고 합니다.

"무엇이 이 어머니를 버틸 수 없게 만들었을까요?"

이 어머니는 첫째 딸 때문에 속을 많이 태우고 있습니다. 아침마다 차로 등교를 도와줘야 하는데 몸단장, 머리단장을 목숨같이 하는 첫째 딸 때문에 매일 지각을 걱정해야 해서 어머니는 매일 목숨 걸고 운전대를 잡습니다. 이 첫째 딸은 성격도 아주 까칠해서 어머니를 아주 불편하게 만들고 있더군요. 생일이라고 새벽부터 미역국 끓이고 딸이 평소에 좋아하는 것을 선물해줘도 고마운 기색은커녕 눈길도 주지 않습니다. 때마다 정성껏 손편지를 써서 주어도 읽는 것 같지도 않고요.

첫째 딸은 초등학교 때부터 친구 문제, 왕따 문제로 늘 어머니 마음을 조마조마하게 만들었고, 모든 일에 핑계 대기 급급하고, 하루에도 두 번씩 머리를 감으면서 쓰레기며 온갖 잡동사니로 가득한 자기 책상은 손도 못 대게 한답니다. 성적이 나쁜 것은 물론이고, 어머니가 담임선생님의 호출을 받아 학교에 불려간 적이 한두 번이 아니랍니다.

둘째 딸은 완전히 다릅니다. 아침에 일어나 스스로 침대 정리하고 책상에 앉아 예습하고 준비해준 아침을 든든히 먹고 알아서 늘 일찍 등교합니다. 식사 때는 항상 어머니를 도와 반찬과 수저를 챙겨주고, 어머니가 지쳐있을 때면 자기가 대신 세탁기에서 빨래를 꺼내 널고 청소기도 돌린답니다. 성적도 친구 관계도 다 좋아서 선생님들로부터 딸을 어떻게 저렇게 잘 키웠냐는 말을 항상 듣는답니다.

문제는 어머니가 두 딸을 비교하는 자신이 싫고 첫째 딸을 미워하는 마음이 들어서 괴롭다는 거예요. 첫째에 대해 죽도록 미워하다가도 그래서 더욱 미안하다고 합니다. 자녀는 존재 자체로 감사해야 하고 무조건 사랑해주어야 하는 대상이라고 생각하는데… 현실은 그렇지 못해서 자신이 엄마 자격이 있나 하루에도 몇 번씩 자문한다고 합니다.

"저는 어떻게 딸을 사랑해야 할까요?"

"딸 사랑해야 하나요? 딸을 사랑하는 것이 당연한 것 아니냐고요? 이 세상에 당연한 것은 없습니다."

대가 없는 헌신적인 사랑을 얼마나 오랫동안 할 수 있을까요? 우리는 나를 사랑하지 않고 내가 주는 사랑을 고마워하지도 인정해주지도 않는 그런 짝사랑을 과연 얼마나 오랫동안 할 수 있는 존재일까요? 당신은 사랑스럽지 않은 사람을 사랑할 수 있으세요?

그럴 수 없어요.

왜 사춘기 아이를 사랑하는 게 어린아이를 사랑하는 것보다 힘이 들까요? 보상 없는 짝사랑이기에 그렇습니다. 아기는 부모가 사랑을 주면 웃음과 재롱으로 보상해주지만, 사춘기 아이들은 그렇지 않습니다. 부모도 사람인지라 사랑을 할 때 기대라는 것을 가지거든요. 내가 이렇게 사랑하면 상대방이 좋아해주고 고마워해주기를 기대하죠. 그런데 내가 사랑하는 사람이 내 마음을 몰라주면 내 마음이 어떨까요?

서운한 것이 당연합니다. 자녀에게 기대를 갖고 기다려주는 것은 지극히 자연스러운 일이지만, 그런 기다림을 어머니 자신에게도 좀 해주세요. 자식을 비교하지 말라는 말만 듣지 마시고 자신의 부모 역할도 비교하지 마세요. 자신이 어려운 여건 속에서도 얼마나 성실하게 부모 역할을 충실히 하려고 애썼는지 스스로 인정할 필요가 있어요. 어머니는 자신의 삶을 정말이지 성실하게 잘 살아오셨어요. 하지만 슬프게도 첫째 딸은 어머니가 해주시는 것을 당연한 것으로 여기고 있어요. 그래서 어머니는 자신에 대한 자부심도 자신감도 없는 거예요.

"그렇다면 헌신적인 사랑을 받은 자녀는 당연히 부모를 공경하고 효도할까요?"

세상에 당연한 것은 없습니다. 부모가 자녀를 사랑하기는 쉬운데 자녀가 부모를 사랑하기는 쉬운 일이 아닙니다. 당위적인 사고에 갇힌 사람들이 사랑할 때 어떤 일이 벌어질까요? 죄책감을 덜기 위해 더 잘해주고, 그에 대한 보상이 없으면 더 속상하고, 내가 바라던 모습이 나타나지 않으면 화를 냈다가, 후회와 죄책감이 심해져서 다시 잘해주기를 반복하죠. 이게 대체 뭐 하는 짓인가요?

그렇다면 이 어머니에게 정말 필요한 것은 뭘까요? 딸을 사랑하는 게 아니라 사랑받는 것이 필요해 보여요. 어머니도 사람이고 여자라서 사랑받을 필요가 있는데, 과연 이 어머니는 누구에게 사랑받고 있을까요? 내가 자녀에게 받고 싶은 사랑은 사실 어른에게 받아야 하는 사랑일 때가 많아요. 그 부족함을 자녀를 통해 충족하려고 하지 말고, 자녀에게는 부모에게 감사하고 예의를 갖추는 것을 가르치세요.

"자신에게 정직해지세요. 어머니가 꿈꾸는 헌신적인 사랑은 쉬운 게 아니에요."

나쁜 부모가 된다는 죄책감 때문에, 좋은 부모가 되기 위해서 딸을 사랑한다면 그 사랑은 그만두는 게 나아요. 죄책감 때문이 아니라, 딸이 어떤 반응을 보여도 내가 기꺼이 우러나서 딸에게 해줄 수 있는 것은 뭐가 있는지 생각해보세요. 밥 해주는 것? 차 태워주는 것? 집에서 재워주고 공부시키는 것들? 그 외에 무엇이 있는지 리스트를 작성해보세요.

어머니에게는 차가운 사랑이 필요해요. 차가운 사랑이란 사랑하기 때문에 감사하는 아이로, 성실히 자기 할 일을 하는 아이로 키우기 위해 훈육하는 것을 말해요. 사랑은 아이가 선택한 것에 대해 부모가 책임지는 것이 아니라, 아이 스스로 책임지는 것을 지켜보는 것입니다. 아이가 가지 말라는 길로 가서 넘어져서 스스로 일어날 때까지 기다리는 것이 진짜 사랑입니다.

그리고 공평한 사랑이란 아이 각자에게 진짜 필요한 것을 주는 것입니다. 어머니의 큰딸에게 필요한 것은 훈육이고, 둘째에게 필요한 것은 그 나이에 맞게 뛰어노는 것입니다. 둘째들은 태어나면서부터 첫째와의 비교 속에서 사랑받는 법을 자연스럽게 터득합니다. 반면, 큰아이는 기대도 많이 받지만 사랑을 독차지하기 때문에 큰 사랑을 받는 것에 익숙하고, 약간의 사랑은 별 노력하지 않아도 거저 온다는 것을 경험으로 익히 압니다. 둘째들은 그렇지 않습니다. 적은 사랑도 노력해야 옵니다. 그래서 부모는 첫째보다 둘째가 더 예쁩니다. 내가 준 사랑의 양에 비해 둘째들은 더 많은 보상을 주거든요.

"이 어머니의 슬픔은 어디서 오는 걸까요?"

어머니의 감정을 통역하면 "내가 사랑하는 딸에게서 나도 똑같이 (똑같이는 아니더라도) 사랑받을 수 있을까요?"입니다. 어머니에게는 자신이 사랑한 사람에게 사랑받지 못하는 데 대한 슬픔과 좌절이 있어요. 사랑하는 사람을 위해 내 일까지 포기했는데 그 사람은 나를 거들떠보지도 않아요. 나는 그 사람을 내 삶의 1순위로 정했는데 그 사람은 나를 그림자 취급해요.

내가 상대에게 중요한 사람이라고 느껴지는 순간은 이런 거죠. 내가 뭔가 힘들다고 하면 그 힘든 것을 즉시 기쁜 것으로 바꿔줄 때.

내가 상대에게 중요한 사람이고 싶은 마음이 결혼의 본질 중 하나입니다. 여자는 남편을 상대로 그런 바람이 통하지 않으면 자녀에게 그 마음을 이전하게 됩니다. 특히 맏이에게요. 내가 운전하느라 힘들다고 하소연해도 '나 몰라라'하는 딸이 얼마나 야속할까요? 어머니는 그 부족한 사랑을 누구에게 받아야 할까요?

어머니는 십중팔구 남편을 미워하는 거예요. 남편에 대한 미움을 해결해야 해요. 아이는 아이로 사랑하고 야단도 치세요. 그리고 이제 남편과 관계를 회복하세요.

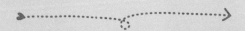

아홉 살 이른 나이에도 사춘기가 찾아옵니다. 이른 나이에 아이가 성장통을 겪는다는 것은 부모가 아이들이 정서적으로 편안하게 잘 클 수 있는 환경을 만들어주었다는 긍정적인 의미입니다. 아이가 불만이 많다고 이야기하면 그렇게 말한 것을 오히려 고맙게 여기고 그런 불만이 어떻게 수정되기를 바라는지 물어봐주세요. 부모가 무엇을 도와주기를 바라는지 물어보고, 부부가 상의해서 어떤 것을 도와줄지 결정하세요.

**"어렸을 땐 엄마를 끔찍이 위해주던 아들,
뭣 때문에 이렇게 변했을까요?"**

설마, 아들이 철없을 때 했던 말을
믿으신 건 아니죠?

어렸을 때는 엄마에게 힘이 되어주는 말도 곧잘 하고, 엄마의 일도 잘 도와주던 기특한 아들이 아홉 살이 되면서 너무나 달라져서 고민인 어머니의 사연입니다. 엄마 말 잘 듣겠다던 아들은 어디론가 가고 없고, 지금은 공부 안 하고 동생과 싸우며 '불만' 많은 아이만 남았다고 해요.

14세, 9세, 5세 세 아이를 둔 어머니가 둘째 아들 때문에 상담을 요청했습니다. 첫째는 딸이고 6학년 때쯤 사춘기를 겪고는 지금 중학생인데 다행히 너무 잘 지낸답니다. 누나가 사춘기일 때 남편 다음으로 둘째가 이 어머니에게 큰 힘이 되어주었다고 해요. 둘째 아들은 늘 "엄마, 난 누나처럼 엄마한테 신경질도 안 내고 엄마 말 잘 들을게. 그러니까 엄마 속상해하지 마." 그 말이 어머니에게 정말 큰 위로가 되었답니다.

그러던 아들이 요즘 들어 감정기복이 심해지고, 공부는 하기 싫어하고 친구랑 놀거나 휴대폰 게임만 한답니다. 게임에서 지면 휴대폰을 내던지는 등 안 하던 과격한 행동도 한다고 해요. 동생과 잘 놀다가도 버럭 밀어서 넘어뜨리질 않나, 어디서 배웠는지 나쁜 말도 눈깜짝 하지 않고 막 내뱉고, 그렇게 하지 말라고 어머니가 타이르면 상관하지 말라고 한답니다. 아버지와는 말이 안 통한다고 하며 아무리 말을 시켜도 입도 뻥긋하지 않고, 퇴근해서 돌아온 아버지에게 인사조차 하지 않는대요. 그나마 어머니에게는 입을 여는데, "엄마나 불만 있어"라는 말을 많이 한다고 해요.

아홉 살인데 사춘기라기엔 빠르다고 어머니는 생각하시며 아들 마음속에 풀지 못한 뭔가가 있는지 궁금하고, 너무 속상하고 답답하다고 호소했습니다.

"대체 문제가 뭘까요?"

"'나는 누나처럼 신경질도 안 내고 엄마 말 잘 들을게'라고 했던 말을 설마 그대로 믿으신 건 아니죠?"

문제가 뭔지 질문하셨으니, 만약 어머니가 아들의 그 말을 믿으신 거면 그것이 문제입니다. 아이가 당시 그 말을 했을 때는 진심이었을 거예요. 그런 말이 엄마의 마음에 위로가 되는 것은 당연하죠. 그런데 사실은요. 이 아들이 지금처럼 변하지 않고 정말 '엄마 말 잘 들는' 아이로 남아있었다면 그게 오히려 문제였을 거예요.

그리고 어머니는 당황스러우시겠지만 아들에게 사춘기가 이르게 찾아왔어요. 첫째가 사춘기를 겪으며 가정에 한바탕 태풍이 휘몰아쳐 지났으니 이제 평화가 왔으면 좋으련만, 가정이 평안해지면 신기하게도 다른 아이가 사춘기를 겪습니다. 보통 가정이 불안정할 때 아이가 철이 일찍 드는데…, 어머니에게는 죄송한 말씀이지만, 아홉 살 아이에게 사춘기가 찾아온 것은 오히려 다행스러운 일입니다.

아이가 어릴 때 했던 말은 그 순간의 진심으로 고맙게 간직하세요. 부모가 한숨 돌린 틈에 아이가 성장통을 겪는다는 것은 아이들이 정서적으로 편안하게 잘 클 수 있는 환경을 만들어주고 계시다는 의미입니다. 그럼 이 어머니는 어떻게 대처해야 할까요?

"아들이 '엄마 나 불만이 많아'라고 하면 '쪼끄만 게 불만은 무슨 불만?'이라고 하지 마세요."

사실 이 아들은 '남 탓'하지 않고 "나는 불만이 많아"라며 '나 전달법'을 사용하는 기특한 아이예요. 이 점을 칭찬해주시고, 엄마에게 그렇게 말해준 것을 고맙게 여기세요. 그런 다음 이렇게 하세요.

(1) '무엇이 불만인지 말해봐라' 하고 끝까지 들어주기
(2) 너는 그런 불만들이 어떻게 수정되기를 바라니? (긍정언어로 표

현할 수 있게 질문하기)

(3) 그렇게 바뀌기 위해서 네가 할 수 있는 건 뭐가 있을까?

(4) 엄마, 아빠가 도와줬으면 좋은 것은 뭐니?

아이가 부모님에게 도와주기를 바란다고 한 것이 있다면, 그것은 부부가 협의해서 결정하시면 됩니다. 이때 남편과의 사이가 좋은 것이 도움이 되겠어요. 그리고 아이에게도 수정했으면 좋은 행동의 한계를 구체적으로 요구하세요. 예를 들어, "아빠 들어오시면 나와서 인사하면 좋겠다." "동생에게 화가 나도 좋게 말했으면 좋겠다."

이런 대화를 해야 불만을 불평으로 표현하지 않고 자신이 원하는 것을 실현해나갈 수 있는 문제해결력이 키워집니다. 아이가 불만을 갖는다는 것은 아이 스스로 좋은 수준의 변화를 원한다는 이야기이므로 나쁘게 받아들여서는 안 됩니다. 이때 부모가 도울 것은 아이 스스로 그 변화의 전략을 생각하도록 하는 것입니다. 그것이 아이를 책임 있게 행동하는 아이로 키우는 방법입니다.

사춘기에 접어든 아이가 아빠와 대화가 통하지 않는다며 엄마와만 이야기하려는 경우가 종종 있죠. 사춘기는 협상에서 초보 수준이라, 깐깐한 아빠가 아이의 협상 전략에 잘 넘어가지 않기 때문에 그래요. 그래서 협상에 약한 엄마와 대화하는 것을 선호하게 되죠. 이때 엄마의 태도가 중요해요. "나는 괜찮은데 아빠 때문에~"가 아니라 "네가 원하는 것을 위해서 너는 네 할 일을 하고 엄마, 아빠는 협의해서 너를 도울지 여부를 결정할게"라고 해야 해요. 그 말은 '엄마, 아빠는 같은 편이어서 서로를 지지하는 관계야. 우리는 너를 어떻게 사랑할지에 대해서 관심이 있어'라는 뜻입니다.

아이가 불만을 표현하는 것에 공감하면서 아이가 원하는 것을 긍정언어로 표현하도록 도와주세요. 행동의 한계와 책임을 분명히 요구하는 법도 가르쳐주세요. 그리고 다둥이를 키우는 경우, 사춘기가 한꺼번에 오지 않아요. 하나의 태풍이 몰려오면 그다음 태풍은 좀 더 수월할까요? 그렇지 않죠. 아무리 대비해도 태풍은 태풍이에요. 그런 시기를 위해서 부모가 준비해야 할 것은 부부가 서로를 힘든 시기에 어떻게 위로하고 어떻게 서로에게 힘이 되어줄까를 고민하는 것입니다.

　일 때문에 어린 자녀를 남의 손에 맡기는 어머니들이 가장 많이 하는 걱정이 아이의 정서 발달과 성격 형성에 문제가 발생할까 하는 것입니다. 특히 세 살까지 엄마와 함께하는 시간이 중요하다고 알려져 있는데요. 사실 자녀와 엄마가 함께하는 시간은 세 살까지뿐만 아니라, 평생 중요합니다. 그리고 함께 보내는 시간의 양보다는 시간의 질이 훨씬 더 중요해요. 부모가 행복해야 아이도 행복합니다. 떨어져 있는 아기가 잘못 될까 봐 불안해하고 전전긍긍하는 태도가 아기에게는 가장 좋지 않습니다. 그래서 평소 부모가 스트레스 관리를 잘하고 부부 관계를 좋게 유지하는 것이 아이에게는 좋습니다. 좋은 부모는 좋은 아내, 좋은 남편을 버리고는 될 수 없기 때문입니다.

**"할머니, 할아버지 손에 커야 할 아기,
엄마의 부재가 많이 안 좋을까요?"**

아기에게 엄마의 부재보다는
엄마의 불안과 걱정이 더 나빠요

육아 때문에 직장을 포기하기는 쉽지 않죠. 돌을 갓 넘긴 아기의 양육을 친정 부모님께 맡기는 것도 걱정되고 게다가 친정 부모님이 멀리 사셔서 아기를 자주 볼 수 없을 것만 같아서 더욱 걱정인 워킹맘의 이야기입니다.

워킹맘의 가장 큰 고민 중 하나는 육아죠. 제가 상담했던 30대 중반의 엄마도 복직을 앞두고 육아 때문에 고민이 많더군요. 10년 가까이 다니던 직장을 포기하기가 쉽지 않고, 돌을 갓 넘긴 아기를 남의 손에 맡기는 것도 영 불안해했습니다.

사실 이분은 친정 부모님이 아기를 봐주시기로 해서 운이 좋은 편이죠. 그러나 친정 부모님이 차로 서너 시간 떨어진 곳에 사신다고 해요. 그러면 평일에는 아기를 자주 보지 못할 것이고, 엄마로서는 그게 마음에 걸릴 겁니다. 아기를 자주 보지 못하면 아기와 애착 형성이 잘 되지 않고 아기의 성격 형성에도 문제가 있을 것 같아 걱정합니다.

"직장을 그만두자니 경제적인 면도 무시할 수 없고, 한번 그만두면 다시는 일할 수 없을 것만 같아요. 남편도 회사를 그만둘 처지가 안 돼 어쩔 수 없이 아기를 친정에 맡기는데, 이제 겨우 12개월 된 아기를 친정에 맡겨도 될까요? 친정 부모님이 누구보다 손녀딸에게 잘해주실 것은 알지만, 세 살까지는 엄마와 함께 보내는 시간이 정말 중요하고 엄마로부터 정서적으로 많은 영향을 받는다고 하더라고요. 혹시라도 아기가 외로움을 느껴 성격적으로 나쁜 영향을 받을까 봐 그게 걱정이에요. 엄마, 아빠와 같이 있는 시간보다 할머니, 할아버지와 같이 있는 시간이 많다고 해서 성격 장애 같은 게 생기지는 않겠죠? 너무나도 겁이 납니다."

아기에게 엄마와 보내는 시간이 정말 중요하고 그게 세 살까지 정서적으로 많은 영향을 끼친다는 것은 맞는 말입니다. 거기에 한 가지 더하면 엄마가 아이와 함께하는 시간은 세 살까지만 중요한 것이 아니라, 어쩌면 평생이라고 할 만큼 중요해요. 그리고 외로움은 친밀한 인간관계가 없을 때 생기는 겁니다. 방임 같은 학대가 있어야 외로움이 생기는 건데, 아기를 돌보는 사람들이 외할머니, 외할아버지, 거기에 엄마, 아빠까지 있으니 아기가 외로울 틈은 없을 듯해요.

"아기와 보내는 시간의 양보다 함께 보내는 시간의 질이 더욱 중요해요."

아기에게 엄마와 함께하는 시간이 중요하다는 것을 명심할 필요는 있지만, 지금처럼 엄마가 걱정이 많고 겁을 내고 불안해하면 그 불안이 아이에게 전달된다는 사실도 기억해야 해요. 특히 문제가 되는 것이 죄책감입니다! 일하는 엄마든 전업주부든 이 세상의 모든 어머님들은 아이와 같이 있으면 같이 있으면서 뭘 더 못해줘서 걱정, 일을 하거나 공부를 하면서 아이 옆에 없으면 옆에 없어서 걱정이죠.

그러나 어머니가 진짜 걱정해야 할 문제는 아기와 함께 있는 시간을 얼마나 질적으로 좋게 보낼 것인가, 입니다. 아기와 접촉하는 시간 동안 부모는 좋은 추억을 마련하려는 노력이 필요해요. 그러려면 무엇보다, 엄마와 아빠가 행복하고 정서적으로 좋아야 하고, 그래서 중요한 것이 스트레스 관리예요. 운동, 수면, 놀이, 남편과의 대화, 친구들과의 관계 등을 통해 스트레스를 그때그때 잘 풀어주세요.

또 중요한 것은 양육과 훈육의 원칙을 친정 부모님과 공유하는 거예요. 양육과 훈육에서 일관성이 없거나 원칙이 공유되지 않으면 아이는 원칙 없이 자신에게 이로운 사람 편에 서게 됩니다. 아이가 외조부모를 엄마, 아빠로 여길 수 있는데 이에 대해 서운해하거나 죄책감을 느낄 필요가 없어요. 정서적으로 좀 더 가까운 대상에게 애착을 형성하는 것은 어쩔 수 없는 일이거든요.

"아기의 정서 발달에 가장 큰 적은 엄마의 죄책감이에요."

평소에 미안하다고 같이 있는 동안 엄마가 과도하게 잘해주는 것은 아이에게 좋지 않아요. 아기와 헤어질 때는 절대 거짓말해서는 안 되고, 아기가 울더라도 헤어지는 세레모니를 반드시 해주세요. 그리고 정확히 언제 다시 올지 알려주어야 해요.

엄마가 자신을 생각하는 자기 이미지는, 아이가 자신을 생각하는 자기 이미지와 겹칠 때가 많습니다. 그러므로 이 어머니는 회사 일을 유능하게 처리하는 자신의 가치를 스스로 먼저 인정하고 아이에게도 말해줄 필요가 있어요. 친정 부모님도 손녀딸에게 부모의 훌륭한 점을 자주 말해주는 것이 좋아요. 그래야 아기가 부모에 대해 좋은 느낌을 가질 수 있어요. 아이와 부모의 관계에서 부모의 부재가 미치는 영향보다는 부재하는 동안 돌보는 사람의 태도가 훨씬 많은 영향을 미칩니다.

아이의 정서가 안정되기를 바랄 때 엄마가 과도하게 불안해하거나 걱정이 지나치면 그 불안과 걱정이 아이에게 전달된다는 사실을 명심하세요. 이분은 남편과의 관계를 좋게 하는 데 가장 많은 에너지를 쓸 필요가 있어요. 이때 가장 기본이 되는 것이 자신의 필요와 욕구를 남편에게 정확한 언어로 표현하려고 노력하는 거예요. 늘 강조하지만, 좋은 부모는 좋은 남편과 좋은 아내를 버리고는 될 수 없습니다.

여기에 한 가지 더 추가하면, 아기와 떨어져 지내는 동안 지지받을 수 있는 친구 그룹을 만드는 것도 좋은 방법입니다. 에너지가 충전되어야 아이와 있는 동안 좋은 시간을 보낼 수 있어요.

제가 부모교육 현장에 나가보면 부모님들은 아이들에게 어떻게 해주는 게 좋은지 다 아십니다. 그리고 대체적으로 그렇게 말하고 행동도 하죠. 다만 내 상태가 너무 피곤해지고 한계에 도달하게 되면 화난 투로 말이 튀어나오고, 분명 나중에 후회할 말이나 행동을 하게 되죠.

부모가 그런 인간적인 모습을 아이들에게 보이는 것은 대체로는 괜찮아요. 그러나 아이와 떨어져 지내는 시간이 많은 부모라면, 자신을 돌보는 시간을 충분히 가지는 것이 아이와 있는 시간을 좀 더 윤택하게 만드는 자원이 됩니다.

아기 때 할머니가 양육을 담당하는 경우, 아기가 자라서 엄마보다 할머니를 더 따르는 것은 당연합니다. 엄마 입장에서는 할머니가 키운 아이보다는 본인이 직접 키운 아이에게 더 애착이 가는 것도 자연스러운 일이죠. 엄마가 그것을 인정하지 않으면 직접 키우지 못한 자녀에게 죄책감을 가지게 되고 자녀에 대한 미움의 원인을 그 자녀에게 돌릴 수 있습니다. 엄마도 사람이니까 자식이 미울 수 있어요. 스스로 그런 마음을 존중하는 것이 중요해요. 부모 자식 간에 '이래야 한다'는 당위적인 사고에 갇히면 자식을 미워하는 자신 때문에 힘들어지고, 그 탓을 자녀에게로 돌리게 됩니다.

> **"첫째가 너무 미워요, 둘째는 사랑스러운데…,
> 자식을 미워하는 엄마라니 너무 괴로워요"**
>
> # 엄마도 자식이 미울 수 있어요.
> # 죄책감을 버리지 않으면
> # 미움은 계속 악순환 돼요

친정 부모님이 키워주신 첫째 딸이 밉고, 딸을 미워하는 자신이 싫다는 어머니의 사연입니다. 엄마보다 외할머니를 더 좋아하는 딸이 그냥 싫은 게 아니라 때로는 끔찍하게 싫다고 해요.

가족 관계에 대한 환상은 크건 작건 누구에게나 있는 것 같습니다. '자고로 가족은 이래야 해' '부모는 자녀에게 이런 마음을 가져야 하고, 저런 마음은 가지면 안 돼' 하는 생각들 말이죠. 그러나 그것은 마음의 속성을 잘 모르고 하는 말들입니다.

엄마, 아빠, 딸, 아들. 이런 호칭은 두 사람의 관계가 혈연인지, 법적 규제에 의해 생겨난 것인지를 표현하는 말 이상도 이하도 아닙니다. 그런 호칭에서 우리가 기대하는 역할과 책임이라는 것 또한 사랑하는 마음에서 자연스럽게 나오는 말이나 행동들을 정리해둔 것일 뿐입니다. 그리고 그런 사랑의 마음이 늘 지속적이고 한결같은가, 하면 그렇지 않기 때문에 약자를 보호하는 최소한의 책임과 역할을 규정해둔 것에 불과하죠.

그 말은 엄마도 자식이 미울 수 있다는 뜻입니다. 특별히 화가 나지 않아도 아이가 밥 먹는 것만 봐도 미울 수 있어요. 사람이기 때문에 다른 사람을 좋아하거나 미워하는 것은 사실 너무나 자연스러운 일입니다. 자녀들 사이에도 더 예쁜 아이가 있고 덜 예쁜 아이가 있어요. 아기 때 엄마가 직접 키우지 않은 자녀와 직접 키운 자녀의 경우 어떨까요? 아무래도 직접 키운 자녀가 더 사랑스럽습니다.

그런 문제로 한 어머니가 상담을 의뢰했습니다.

"딸, 아들 한 명씩 둔 엄마입니다. 맞벌이 하느라 첫째 딸을 외할머니가 네 살까지 키웠어요. 둘째 아들을 임신하고 직장을 그만두면서 딸, 아들 제가 다 키우기 시작했죠. 그래서인지 지금 여덟 살인 첫째 딸이 엄마 말을 너무 안 들어요. 외할머니가 오냐오냐 키워주셔서 그랬는지 몰라도 제가 혼내면 삐쳐서 말도 안 하고, 잘못한 것은 고쳐지지 않아요. 외할머니한테는 그렇게 다정할 수가 없는데 엄마한테는 싸늘하기만 한 딸이 너무 미워요."

딸은 네 살부터 둘째 아들은 처음부터 어머니가 키우셨군요. 그렇다면 첫째와 둘째에 대한 마음과 기대가 다르고 어머니도 첫째보다 둘째가 더 사랑스러운 게 자연스럽습니다. 딸도 엄마보다 외할머니를 더 따르는 것은 함께한 시간의 힘이 있기에 당연해요. 게다가 두 자녀를 함께 키울 때 신생아인 둘째에게 더 신경 쓰느라, 아무래도 첫째가 관심과 사랑을 덜 받았을 가능성이 높죠. 당시에 첫째가 보인 불안 반응에 엄마가 좀 더 많은 사랑으로 대처했어야 하는데 그러지 못해서 관계가 악화된 것 같아요.

> "딸이 너무 싫지만, 그렇다고 딸이 못된 성격은 아니에요. 가끔 거짓말하는 게 보이긴 하지만 그런 건 이해하죠. 엄마한테 혼날까 봐 거짓말하는 거 알거든요. 근데 애가 산만하고 답답하게 행동하는 것은 아무리 야단을 쳐도 고쳐지지가 않아요. 화가 많이 났을 때만이 아니라 평소에도 끔찍하게 싫을 때가 있어요. 애가 밥 먹는 것만 봐도 짜증이 나고 밉습니다. 엄마가 이래도 되는지 정말 괴로워요. 전문 상담을 받아서라도 딸과 관계를 개선해야 할 것 같은데 막막하고 너무 답답합니다."

어머니의 문제는 딸을 미워하는 게 아니라, 그 미워하는 자신의 마음을 존중하지 않는 거예요. 딸을 미워하는 자신을 너무 자책하지 마세요. 어머니가 원하시는 것처럼 제가 만약 '전문 상담'을 해드린다면, 어머니의 "이래야 한다"는 당위적인 사고를 "이랬으면 좋겠다"

로 바꾸는 작업을 할 것 같아요.

당위적인 사고가 있는 분들은 아이의 행동이 내 기준에 맞지 않으면 못마땅해 하고, 또 그 못마땅해 하는 자신의 마음과 반응에 대해서도 '엄마는 이래야지' 하는 당위적인 사고로 평가하면서 또다시 못마땅해 합니다. 그렇게 되면, 문제의 원인을 엉뚱한 데 돌리면서 계속 악순환이 이어질 수 있어요. 즉 어머니 자신이 화가 난 이유와 스스로 엄마답지 않다고 여기는 행동이 자신의 당위적인 사고 때문이 아니라, 말을 잘 듣지 않는 딸 때문이라고 판단하게 되고, 그래서 딸이 더욱 미워지는 거예요.

"죄책감을 덜려고 지나치게 잘해주고는 상처받지 마세요. 남편과의 관계도 꼭 점검해보세요."

그럼 딸과의 관계 회복은 어떻게 해야 할까요?

엄마가 딸이 밉다는 말은 사실 이런 의미를 내포하고 있어요. '엄마가 기대한 것을 딸이 해줄 것이라고 철썩같이 믿었는데 해주지 않아서 밉다.' 어쩌면 엄마 자신이 싫어하는 자신 또는 남편의 모습을 아이가 닮아서일 수도 있고요. 어머니는 딸과의 관계를 회복하기 전에 자기 자신과 남편과의 관계를 돌아볼 필요가 있어요. 자기 자신을, 남편을 단점까지 사랑하고 있나요?

딸이 너무 미울 때는 엄마로서 죄책감이 들 거예요. 그 죄책감을 덜려고 자신도 모르게 딸에게 과도하게 잘해줄 수 있습니다. 그렇게 잘해주었는데도 딸아이가 잘못을 고치지 않고 잘못된 행동을 반복하면 엄마는 더 화가 나는 것이죠. 딸에게 과도하게 잘해주는 것은 엄마 자신의 선택임에도 불구하고, 그 선택으로 힘든 자신의 마음에 대한 책임을 아이에게 돌리게 되고, 그래서 아이가 더 미워지는 겁니다. 이 문제를 해결하기 위해서는 어머니가 딸에게 평범한 수준의 양육만 하는 것도 일시적으로는 효과가 있습니다.

아이가 존재하는 것만으로도 기뻤던 순간을 떠올려보세요. 딸에 대한 미움이 실은 자신의 무능에 대한 미움인지, 남편의 무심함에 대한 미움인지, 정말 딸의 성격이 미운 것인지를 파악할 필요가 있어요.

그런 이야기를 함께 나눌 친구가 있다면 좋겠어요. 친구의 공감을 받으면 한결 자유로워질 수 있거든요. 남편과의 관계도 꼭 점검해보세요. 왜냐하면 아이가 미울 때는 배우자가 미운 경우가 아주 많거든요. 배우자와의 관계를 꼭 풀기 바랍니다.

　다른 사람 눈치를 많이 보고 배려와 양보가 몸에 익은 아이들이 있어요. 엄마가 화가 나면 자기가 잘못해서 그런가, 친구들이 삐치면 자기 탓인가 걱정이 많은 아이들이죠. 그런 아이는 엄마에게 매일 사랑을 확인하는 질문을 던지기도 해요. 그것은 잘못된 게 아니라 아이의 공감 능력이 뛰어나서 그런 거예요. 엄마는 아이의 그런 능력을 인정하고 칭찬해줄 필요가 있어요. 그리고 엄마의 화가 딸 때문이 아니라, 엄마 본인의 필요가 좌절돼서 그렇다는 걸 알려주세요. 그리고 자녀의 상태를 공감하는 질문을 해주세요. 아이가 매일같이 엄마 사랑을 확인하고 싶은 건 자연스러운 일이에요. 사랑은 매일 화초에 물을 주는 것처럼 매일 확인해야 하는 것이죠.

**"아이가 매일 엄마 사랑을 확인해요. 말하지 않아도
엄마 사랑을 확신하게 할 순 없을까요?"**

사랑은 매일 확인받기를 원하는 거예요.
여성들이 남성들에게
매일 원하는 그거요

맏이인 초2 딸이 엄마 눈치, 친구들 눈치를 많이 보고 늘 배려와 양보를 하는 게 안쓰러운 어머니의 이야기입니다. 무엇보다 딸이 맘 편히 즐겁게 살았으면 좋겠고 엄마의 사랑을 굳게 믿었으면 좋겠다고 합니다.

Q_

저는 아홉 살, 일곱 살, 두 딸을 둔 워킹맘입니다. 직장의 배려와 친정 엄마의 도움으로 다행히 제가 집에서 두 딸을 키우며 일도 해왔어요. 아이를 잘 키우고 싶어서 육아서도 많이 읽었고 책에서 일러주는 방법을 실천하려고 부족하지만 나름대로 노력했죠. 어릴 때부터 두 딸이 싸우면 저는 그게 싫어서 언니인 큰딸에게 항상 양보하라고 권했던 것 같아요. 제가 그렇게 자라지 못해서인지 육아서에서처럼

다양한 어휘로 딸을 위로해주지도 못했어요.

그런데 큰딸이 엄마 눈치도 많이 보고 학교에서는 친구들 배려하느라 신경을 많이 쓰는 것이 왠지 딸의 삶이 고달파 보여요. 어릴 때 엄마가 지적을 많이 해서 그럴까요? 원래 타고난 성향 때문일까요?

큰딸은 겉으로는 활발한데 사실 내성적인 면이 강해요. 집에서는 엄마한테 짜증내고 투덜거리기도 하지만, 어릴 때부터 어린이집이나 학교 선생님들이 우리 딸은 배려 잘하고 성실하다고 한결같이 말씀하세요. 초등학교 2학년 들어가는 올해부터는 학교 부회장을 맡고 있는데 친구들이 삐치면 그거 풀어주느라 힘들고 속상하다고 말하곤 해요. 어젯밤에는 저한테 "엄마 기분이 안 좋아 보여. 혹시 나 때문이야?"라고 걱정스러워하며 묻더라고요.

저는 큰딸에게 양보하고 배려하는 것도 좋지만, 그걸 맘에 쌓아두면 나중에 크게 터진다고 말해주면서, 자신이 원하는 것을 상대방에게 똑바로 이야기하라고 알려줬어요. "다른 사람 감정에 너무 신경 쓰지 마. 엄마도 친구들도 너 때문에 기분이 상하는 건 아니야. 설령 엄마가 너 때문에 화가 나도 널 사랑하는 마음은 변하지 않아"라고요.

제가 딸에게 어떻게 더 얘기해주면 좋을까요? 제 딸이 무엇보다 남 눈치 안 보고 맘 편히 즐겁게 지냈으면 좋겠어요. 제 딸은 엄마가 자기를 정말 사랑하는지 늘 확인해요. "엄마는 누가 제일 좋아?" 그러면 저는 이렇게 말하죠. "누구긴? 당연히 너지!"

어떻게 해야 이 아이가 엄마의 사랑을 확인하지 않고 말하지 않아도 확신을 가질 수 있을까요?

A_

"육아서 많이 읽으신 티가 팍팍 나네요. 이론과 실천이 달라서 어머니가 자책하고 좌절하는 거예요."

질문이 많으신 어머님. 정말 딸을 잘 키우고 싶은 엄마예요. 이론은 아는데 실행이 어렵죠. 상담전문가들도 이론 공부, 임상 경험, 수퍼비전을 통해 진짜 전문가가 됩니다. 그리고 그런 전문성은 일에서는 잘 발휘되지만 자기 자신이나 가족들과는 잘 통하지 않기도 하죠. 육아서를 많이 읽는 분들이 겪는 어려움은 좌절과 자책입니다. 아는 만큼 실천되지 않기에 그래요.

큰딸에게 이야기할 때, 어머니는 중요한 전제를 수정하실 필요가 있어요. 다른 사람의 감정에 신경이 쓰이는 건 "네가 공감 능력이 뛰어난 아이라서 그래. 그리고 그건 장점이지만 사는 데 불편한 점도 있어"라고 아이의 재능과 장점을 인정해주어야 합니다. 그런 다음, "사람이 기분이 상하는 것은 다른 사람 때문이 아니라 그 사람에게 뭔가 필요한 게 있다는 의미야"라고 감정이 생겨나는 본질적인 이유를 설명해줄 필요가 있어요.

"엄마가 화가 날 때도 엄마에게 뭔가 필요하고 엄마가 원하는 것이 잘 되지 않아서 그런 거야. 네 잘못이 아니야. 엄마가 화날 때는 '엄마 혹시 뭐가 필요하세요?'라고 물어봐주면 좋겠어. 그리고 그럴 땐 너를 사랑하는 것처럼 보이지 않을 수도 있어"라고 엄마의 상태를 구체적으로 언어화해서 설명해주어야 해요.

그리고 아이의 상태를 공감하는 질문을 해주면 좋아요. "엄마가 기분이 안 좋은 게 너 때문인 것 같다는 생각이 들면 너는 기분이 어떠니?"라고요. 딸이 생각과 기분을 구분할 수 있도록 도와주세요. 또 스킨십도 자주 해주세요. 자주 안아주고 손을 잡아주면 딸이 정서적으로 안정되고 뇌 발달에도 영향을 미쳐 정서 조절에 도움이 돼요.

사회생활을 하는 워킹맘들의 경우 감정을 감정 어휘로 표현하기보다 문제해결을 위한 접근을 더 많이 해요. 남성들과 비슷해지는 거죠. 그러다 보니 아이들에게 가르쳐줄 감정 어휘가 별로 없어요.

딸아이가 다른 사람들이 자기 때문에 기분이 상했다는 생각이 든다고 했는데, 그건 무슨 의미일까요? 상대방의 표정이나 부정적인 정서에 아이가 영향을 받고 있다는 뜻이에요. 누군가 감정이 상한 것 같을 때 그걸 보는 딸의 기분이 어떨 것 같으세요? 걱정도 되고 가끔은 무섭기도 할 거예요. 그런 부정적인 감정이 든다는 것은 무언가 돌봐주어야 할 욕구가 있다는 사인이에요. 그 욕구를 파악하기 위해서 감정을 파악하는 것이 중요하죠.

어머니가 공감적 경청을 배우고 연습하는 것이 좋아요. "그러지 마라"라고 이야기하지 마시고 "네 입장에서는 충분히 그럴 만해"라고 이야기해주세요. 그리고 감정과 생각을 구분해야 해요. 감정이 생긴 이유를 자신 또는 상대에게 돌리는 구조로 말하지 말고, 서로의 필요(needs)를 찾고 돌봐야 해요. 그리고 엄마로서 해야 할 것과 도울 것을 구분하는 것이 중요해요.

"아이가 엄마의 사랑을 매일 확인하는 건 여자가 남자에게 매일 사랑을 확인하는 것과 같아요."

아이에게 엄마가 자신을 사랑한다는 마음이 안정적으로 들기 위해서는 오랜 시간이 필요해요. 왜냐하면 우리 인간은 불안정한 존재이고 엄마의 사랑을 받고 있다는 확신은 매일의 식사처럼 필요한 것이기 때문이에요. 사랑은 어떻게 표현할까요?

"엄마는 누가 제일 좋아?"라는 딸의 질문을 이렇게 바꿔서 물어보세요. "어떨 때 엄마가 너를 사랑한다고 느껴?"라고요. 수없이 많은 여성들이 남성들에게 알아맞히라고 묻는 바로 그 질문이에요.

아이가 엄마의 사랑을 마음으로 피부로 느낄 수 있는 순간에 대해 이야기하도록 격려하고 그런 말이나 행동으로 사랑을 표현해주세요. 꼭 안아주는 것도 아주 좋은 표현이에요. 사랑은 말하지 않아도 알아서 오는 환상 같은 것이 아님을 딸에게 가르쳐줄 필요가 있어요. 사랑은 한 번 이야기하고 한 번 행동한다고 끝나는 숙제 같은 것도 아니에요. 사랑받고 싶은 욕구는 매일 채워줄 필요가 있거든요. 아침밥을 먹고도 점심에도 배가 고프고 저녁에도 배가 고픈 것과 같아요. 그걸 가지고 '어떻게 하면 아침에 먹은 음식이 배속에 그대로 남아있을까?'를 고민하지 않잖아요.

그런데 어머니는 왜 아이가 매일 사랑을 확인하지 않고도 아이의 마음속에 사랑의 확신이 매일 남아있기를 바랄까요? 좀 지치셨을까요? 어머니의 사랑의 탱크도 좀 비었을까요? 어머니의 사랑의 탱크도 매일매일 채워주세요. 사랑은 매일 확인받기를 원하는 거예요. 사랑은 마치 화초에 물을 주듯이 매일 주어야 하는 거예요.

어머니는 자녀가 어릴 때부터 스트레스를 견딜 힘을 키워주는 게 중요해요. 그런 힘을 회복탄력성(resilience)이라고 하는데요. 회복탄력성이 높으면 스트레스를 받더라도 무너지거나 도망치지 않고 감당해내려고 하면서 건강하고 슬기롭게 해결책을 찾으려 노력하게 됩니다.

"스스로 문제를 해결하도록 부모가 도와야 해요. 자녀를 믿지 못하고 부모가 다 해결해버려서는 안 돼요."

따님이 친구들 기분 풀어주느라 힘들다고 했는데요. 왜 힘든 걸까요? 자기 나름대로 열심히 했는데도 결과가 제대로 나오지 않을 때 우리는 좌절감을 느껴요. 그런 좌절을 극복할 수 있는 힘을 생기게 해주는 게 세로토닌이라는 호르몬입니다. 세로토닌은 감정의 기복을 조절해줘서, 기분이 너무 들뜨지도 가라앉지도 않게 균형을 맞춰주고 실패와 좌절을 경험하더라도 마냥 우울해하지 않고 다시 일어나 노력할 수 있게 만들어주죠. 세로토닌은 뇌의 전역에서 분비되는데, 아동기와 청소년기에는 그 분비 시스템이 충분히 성숙되지 않아서 감정 기복이 심할 수 있어요. 유아기 때부터 세로토닌 활성화 연습을 해야 사춘기도 힘들지 않게 보낼 수 있어요.

처음부터 회복탄력성이 높은 아이는 없어요. 부모의 도움이 절대적으로 필요하답니다. 구체적으로 어떻게 해야 할까요?

(1) 적극적 경청과 공감을 해주세요

자녀가 스트레스 반응을 보이면 아이의 이야기를 충분히 들어주고, 마음에 공감과 지지를 보내주세요. 부모의 공감과 지지가 있어야 자녀 혼자 외롭다고 느끼지 않고 자기 잘못이라고 비난하지 않게 되어 긍정적인 마음과 다시 일어설 수 있는 힘을 얻게 돼요.

(2) 실패해도 괜찮다고 말해주세요

무엇이든 다시 하면 된다고, 부모님은 결과에 상관없이 언제나 자녀를 사랑한다고 말해주세요. 실수를 용납하지 않는 사람들은 매 순간 스트레스에 시달려요. 우리 아이가 다른 아이보다 뒤쳐질 수 있고, 우리 아이가 실수하고 실패할 수 있다는 사실을 마음속 깊이 받아들여야만 아이가 강박감이나 불안을 느끼지 않고 편안한 마음으로 제 능력을 충분히 발휘할 수 있어요.

(3) 부모가 나서서 전적으로 해결해주는 건 아니에요

부모는 어디까지나 도움을 주는 역할에 그쳐야 해요. 아이를 믿지 못하고 급한 마음에 부모가 직접 나서서 해결해주면 아이는 앞으로도 자신의 스트레스를 직접 해결할 수 없게 돼요. 힘들어도 미숙해도 자녀 스스로 해보고 극복해나가는 과정을 통해 회복탄력성이 성장하고 더불어 아이의 자신감도 성장합니다.

(4) 스트레스를 풀 취미 생활이 필요해요

초등학교 아이들에게는 즐겁게 몰입할 수 있는 다양한 운동이나 춤, 놀이 같은 신체 활동이 세로토닌 분비에 도움이 돼요. 눈을 감고 차분한 음악을 들으며 아름답고 좋은 이미지나 풍경을 떠올리면서 명상에 잠기는 것도 효과적이죠. 이때 복식호흡, 심호흡을 함께하면 뇌에 산소를 공급해줘서 뇌가 활성화됩니다. 부모가 함께 의식적으로 매일 일정한 시간에 코로 공기를 깊게 들이마시고, 입으로 길게 내뱉는 동작을 반복적으로 하면 좋아요.

여자아이들은 놀이와 사회성 수준이 남자아이보다 대체로 높습니다. 자신을 돌봐주기를 원하는 여자아이들은 편안한 관계만 추구하면서 여자들 사이에서 배척당하기 쉽습니다. 그렇게 배척당한 여자아이들은 감정적으로 둔감한 남자아이들과 노는 것을 선호하게 되죠. 엄마는 그런 특성을 이해하고 딸 입장에서 공감해줄 필요가 있습니다. 어머니가 딸의 사회성에 영향을 받아 자존감이 떨어지는 문제도 해결해야 합니다. 어머니가 자신의 욕구를 딸에게 투사할 때 그런 현상이 발생합니다.

"남자아이들과만 어울리는 딸, 제 자존감이 떨어져요."

왜 딸아이의 사회성이
엄마의 자존감과 연결될까요?

●

초등학교 1학년 외동딸이 남자아이들과만 어울려서 본인의 자존감이 떨어진다는 어머니의 사연입니다. 여자아이들과는 다툼이 많고 여자아이가 집에 놀러와도 본 척 만 척하고 어울리지 않는다고 합니다.

    초등학교 1학년인 외동딸을 키우는 어머니가 딸의 친구 관계 때문에 제게 상담을 요청했습니다. 외동딸이지만 귀하게만 키우지 않았고 엄할 때는 엄하게, 아닌 것은 아니라고 가르쳤다고 하더군요. 딸이 사달라는 것도 다 사주지 않았답니다.

    문제는 딸아이가 어릴 때부터 성격이 활달해서 그런지 남자 친구들을 더 좋아하고 여자아이들과는 도통 어울리지 못한다는 거예요. 여자아이들이랑 놀 때는 별것 아닌 일로 마음이 상할 때가 많고, 자기가 하고 싶은 놀이가 아니라면서 삐치기 일쑤라는 겁니다. 한 번은 자기는 공주 역할을 하고 싶은데 다른 여자아이들이 안 시켜준다며 징징거렸다고 해요. 어머니는 딸이 도대체 왜 그러는지 모르겠다고 하소연했습니다.

어머니는 어떻게든 딸아이가 여자 친구들을 사귀게 해주려고 틈만 나면 여자아이들 여럿이 노는 데에 끼게 한다고 해요. 그런데도 딸은 여자아이들과는 어울리지도 않고 혼자 다른 놀이를 할 때가 많다고 해요. 한 번은 어머니가 집에 여자아이와 그 엄마를 초대했는데 딸은 그 아이와 놀기는커녕 혼자 TV만 보고 있는데… 그 아이 어머니에게 너무 민망해서 쥐구멍에라도 숨고 싶었다고 해요. 그 심정 충분히 이해가 갑니다.

그렇다고 남자애들과 놀라고 하기엔, 남자아이 엄마들도 가급적 동성 친구들과 노는 것을 선호해서 그렇게도 잘 안 된다고 합니다. 남자든 여자든 딸이 누구와 만나도 잘 놀고 어울렸으면 좋겠는데, 동성인 여자아이들을 서먹해하고 재미없어하고 혼자 멀리 가 있는 모습을 보면 어머니의 자존감이 바닥을 쳐서 괴롭고 회의감이 든다고 합니다. 어머니가 묻더군요. "여자 친구 사귀는 기술은 따로 있는 걸까요?"

단짝을 만들어야 할 나이에 그런 것은 관심도 없는 딸, 어머니가 이것저것 노력해봤지만 전혀 통하지 않는 것 같고 어머니로서 더는 해줄 것이 없는 것 같아 답답하다고 합니다. 어떻게 해야 할까요?

"엄마로서 진짜 해주셔야 할 부분은 딸의 입장에서 공감해주는 거예요."

딸은 자신의 섬세한 감정을 공감받지 못하고 있고, 또래집단과의 갈등 상황에서 자기주장을 제대로 하지 못하는 것 같아요. 이를 해결하려면 어머니가 딸의 입장을 공감해주고 딸 자신이 원하는 것을 표현할 수 있도록 도와야 합니다. 딸은 어머니와의 관계에서 이것을 배울 필요가 있습니다. 현재 어머니는 딸의 문제해결력을 키워주지 못하고 있는 상태인데요. 가장 큰 원인은 어머니가 자신의 감정과 욕구를 잘 파악하지 못하고 있어서인 듯합니다.

"여자아이가 남자아이들과만 어울리려는 이유를 어머니가 아셔야 해요."

여자는 남자와 놀면 편한 것도 있고 답답한 것도 있어요. 여자아이들은 놀이와 사회성 수준이 남자아이보다 대체로 높습니다. 공감 능력이 떨어지는 여자아이들은 친구들 사이에서 일명 애기짓(?)을 하고 친구들이 엄마처럼 자신을 돌봐주기를 원합니다. 그러다 보니 편안한 관계만 추구하죠. 하지만 여자아이들은 그런 애기짓 하는 아이들을 이해하고 받아주기도 하지만 계속 그러면 배척합니다. 그렇게 배척당한 여자아이들은 감정적으로 둔감한 남자아이들과 노는 것을 선호하게 되죠.

딸의 특성이 겉으로는 활발해 보일 수 있는데 감정적으로는 비교적 섬세할 가능성이 높습니다. 다른 여자아이들의 감정에 대해서 신경 쓰고 싶지 않아서 감정적으로 좀 더 편안한 남자아이들과 놀이하는 것을 선호하는 것 같아요. 어쩌면 이 딸은 정서적 민감성이 비교적 높은 편일 수 있습니다.

어머니의 정서적 공감 능력과 직관력도 높아 보입니다. 사실 이런 어머니들이 가끔 선을 넘으면 자신의 감정과 아이의 감정을 지나치게 동일시하는 경향이 종종 있어요. 어머니는 자신의 감정과 욕구를 딸과 분리할 필요가 있습니다.

"여자들이 관계를 맺고 의사소통하는 과정은 복잡 미묘해서 신경 쓸 부분이 많습니다."

여기서 잠깐! 여자들이 친구를 사귀는 기술은 남자들과는 조금 다릅니다. 물론 개인차가 있고 사실 여성인 제게도 남성적 특성이 더 많은 편이에요. 어쩌면 그래서 저도 인간관계에서 어려움을 겪었지 않았나 싶어요.

남자들은 여자들과 달리 서열을 정하고, 서열이 정해지면 그대로 편안한 관계를 맺습니다. 그리고 그 역할이 대체로 동일하게 이어집니다. 권력 투쟁이나 다툼 같은 것은 아주 드물게 나타나죠. 자신의 역할을 인정받지 못한다고 여겨도 자신의 힘이 더 커졌다고 느껴지기 전까지는 별다른 액션을 취하지 않습니다. 그래서인지 남자들은 마음 깊은 이야기보다는 자신의 성취에 대한 이야기를 많이 합니다. 친해지면 속의 이야기를 하기도 하지만 그런 이야기에 공감적인 반응을 하기보다는 유머로 넘기는 편이에요.

여성들은 약간 다릅니다. 친해질 때 자신의 성취를 보여주지 않습니다. 왜냐하면 시기와 질투를 받기 쉽거든요. 여자들은 관계를 좋게 지속시키고자 하는 바람 때문에 자신의 어려움, 힘든 점, 걱정 같은 것들을 나누면서 친해집니다. "아 오늘 화장이 잘 안 먹어서 속상해" "아니야, 너 이뻐. 괜찮은데 뭘." 여자들은 "너 오늘 화장 잘 먹었어"라는 말을 듣고 싶어서, "화장이 잘 안 먹어서 속상해"라고 말하는 거예요. 그럼 친구는 속상함에 대해 위로해주고 그렇지 않다고 안심시켜 줍니다. 그리고 자신도 화장이 잘 먹지 않은 것 같아서 속상하다고 말하고, 친구는 또 그렇지 않다고 위로하면서 둘은 친해집니다. 남자는 여자가 화장 잘 안 먹은 것 같다고 하면 여자가 말한 '화장 잘 안 먹은 것 같은' 상태를 기준으로 해결책을 제시해주기가 쉬워요.

여자들끼리 공감대가 형성되면 그다음에는 약간의 팩트와 함께 해결책을 주고받습니다. 여성들은 공감대 형성과 상대가 듣고 싶은 말을 먼저 하면서 친해집니다. 그런데 이 과정을 생략하고 해결책을 먼저 내보이면 여성들은 불안감을 느낍니다. 나는 힘든데 상대는 괜찮은 것 같아서 불안해지는 거예요. 그때 직관적으로 상대방의 마음을 추측해버리고는 혼자 서운해져서 힘들어합니다. 그런데 관계를 중요하게 여기는 여자아이들의 경우에 서운한 것을 잘 말하지 않는 경향이 있습니다. 말하지 않아도 여자들은 상대의 마음을 짐작해서 헤아려주기도 하고 또 그렇게 상대가 해주기를 바라는 경향도 있어요.

한마디로 여자들이 관계를 맺고 의사소통하는 과정은 정말 복잡하고 미묘해서 신경 쓸 부분이 아주 많습니다. 그러나 여자들끼리는 그런 것들을 거의 직관적으로 해냅니다. 여자아이들 중에서도 비교적 창의적이고 섬세한 아이들은 한번 관계에서 상처를 입으면 다른 사람과 다시 관계를 맺고 유지하고 갈등을 해결하는 그 과정이 두려워서 여자아이들과 관계를 맺고 유지하는 것에 어려움을 겪기도 합니다. 관계에 많은 에너지가 소모되는 것이 두려워져서 관계를 피상적으로 맺기 쉽습니다. 이건 남성들도 마찬가지입니다.

"딸의 사회성이 왜 어머니의 자존감과 연결될까요? 어머니 자신의 욕구를 아이에게 투사하고 있어요."

어머니가 딸 때문에 자신의 자존감이 바닥을 친다고 하셨는데, 어머니는 딸의 인간관계(사회성)에서 영향을 받고 있어요. 왜 그럴까요? 어머니가 자신의 감정과 욕구, 아이의 감정과 욕구를 구분하지 못하고 있어서 그래요.

어머니는 딸아이가 어떤 친구와 놀고 싶은지, 무엇을 원하는지 관심을 기울일 여유가 없어 보입니다. 이유는 어머니 자신의 욕구를 아이에게 투사하고 있어서일 거예요. 어머니의 친구 관계는 어떤지요?

어머니 자신의 인간관계를 돌아보기를 바랍니다. 혹시 어머니 자신이 하지 못하는 것을 아이가 해냈으면 좋은 건 아닐까요? 아이의 어떤 성취, 가령 외동딸의 사회성 성적이 엄마의 성적표는 아니에요. 어머니가 자기 자신에 대해 공감할 필요가 있어 보입니다.

사춘기 아들과 아버지가 자주 충돌하고 관계가 냉랭해지는 것은 자연스러운 현상입니다. 아들이 어른이 되어가는 과정에서 충분히 아버지와 부딪칠 수 있습니다. 또 성격이 다르거나 정반대일 수는 있지만, 서로 맞지 않는 성격이란 없습니다. 이런 부자가 서로 다투는 것을 지켜보는 어머니가 할 역할은 서로의 마음을 공감해주고 발전적인 방향의 질문을 던져주는 것입니다. 어머니는 본인이 가족들에게 이상적인 관계, 이상적인 가정, 완벽한 이상형을 강요하는 것은 아닌지 돌아볼 필요가 있습니다.

"매일 전쟁 중인 고3 아들과 애 아빠. 안 맞아도 너무 안 맞는 둘 어찌 해야 좋을까요?"

남편과 아들의 냉랭함은 이상한 게 아니에요. 문제는 아내의 완벽주의예요

사춘기 고3 아들과 남편이 격한 언쟁을 벌이기 일쑤고 이 때문에 집안이 살얼음 판 같다는 어머니의 고민입니다. 아들이 공부에는 큰 관심이 없고 외모에만 신경을 쓰고 게으르지만, 고3인 이 시기를 참아주지 못하고 사사건건 대립하는 남편도 답답하다고 합니다. 둘 사이에서 어머니는 어떻게 해야 할까요?

Q_

저는 고3 외아들을 둔 40대 여성입니다. 저는 살림하면서 틈틈이 번역 일을 하고 있고, 남편은 중소기업에 다니고 있어요. 요즘 남편과 아들의 살얼음판 같은 관계 때문에 걱정이 많아요. 아들이 중2 때 사춘기를 심하게 겪으면서 두 남자의 전쟁이 시작되었죠. 최근 두 남자는 하루걸러 한 번씩 크게 말다툼을 하는 것 같아요. 별거 아닌 일로 격한 언쟁을 벌이는데, 제가 끼어들기 무서울 정도로 살벌해요.

그럴 때마다 숨을 쉴 수가 없어서 조용히 밖에 나가곤 하죠.

둘 사이는 보고 있자면 너무나 안타까운 것이, 제가 보기에 남편과 아들을 따로 놓고 보면 성격적으로 별 문제가 없는 사람들이거든요. 그저 성격이 맞지 않을 뿐이죠. 예를 들어 남편은 매사에 반듯하고 깔끔하고 예의를 중요시 여기며 책임감 강하고 의리 있고…, 한마디로 완벽에 가까운 사람이에요. 이에 비하면 아들은 성실하고 깔끔한 편은 절대 아니에요. 공부에 대한 의지도 없어 보이고, 외모에 유독 신경을 많이 써요. 아침에 머리 손질하는 데만 30분 걸리고, 옷 욕심도 많아서 신상이 나올 때마다 사달라고 엄청 졸라대요. 고3인데도 휴대폰 게임만 좋아하고요. 물론, 엄마인 제게는 애교 많고 마음 따뜻한 더 없이 사랑스러운 아들이랍니다.

사실 남편이 아들 위하는 마음은 엄청 끔찍하죠. 아들 사랑하는 마음은 아마도 저 이상일 거예요. 다 아들 위해서 하는 말들인데, 아들이 이를 잔소리로만 여기고 고깝게 생각하면서 싸움이 시작돼요. 예를 들면, 남편은 아들 건강 생각해서 탄산음료 마실 때마다 뭐라하거든요. 고3인데 아침마다 늦장부리고 밤마다 휴대폰 게임 하는 것 들켜서 몇 번 따끔하게 주의도 주었어요.

지난주 금요일에는 아들이 기말고사 끝났다고 학원을 쉬고 모처럼 셋이서 고깃집에서 외식을 했어요. 남편이 크게 한 턱 낸다고 한우를 시키고는 아들에게 "너, 한우가 얼마나 비싼지 알지? 감사하게 생각하고 남기지 말고 싹싹 먹어라"라고 했어요. 그러자 아들은 "나한우 별로 안 좋아하는데. 아빠가 좋아서 온 거 아니에요?"라고 받아쳤어요. 그러면서 싸움이 시작됐죠.

- 남편: 야, 호강에 겨운 소리 하네! 한우를 아무나 먹는 줄 아냐? 소년 가장으로 일하면서 공부해서 서울대 가는 애들도 있다더라.
- 아들: 요즘 그런 애들이 어디 있다고 그래요? 비교를 해도 어디서 그런 극단적인 예를 들어 가지고….
- 아내: 야, 아빠는 그냥 그렇다는 소리야. 뭘 민감하게 반응하니? '예, 알았습니다' 하고 그냥 넘어가.
- 남편: (아내 말을 자르고)그냥 하는 소리 아닌데? 야, 그게 무슨 극단적인 이야기야. 너 정말 그렇게 세상을 모르냐?
- 아들: (숟가락을 테이블에 탁 내려놓으며) 아휴!
- 남편: 됐다! 내가 너한테 잘해주려고 노력해봤자 다 헛것이네. 앞으로 나한테 아무것도 바라지 마. 알았어?
- 아들: 그 지겨운 소리 벌써 몇 번째 하는지 알아요?
- 아내: 아휴! 그만들 해! 듣기 싫어. 나 먼저 갈 거니까 둘은 알아서 들어와!

그날 저녁 아들은, 주방에 혼자 있는 내 곁에 와서 자기가 도대체 뭘 그리 잘못했냐며 짜증을 내더군요. 자기편을 들어달라는 이야기이죠. 아들 속이 뻔히 들여다보였지만, 나는 모른 척하고 둘 다 마음에 안 드니까 나한테 아무 말도 하지 말라고 했어요. 이 대화를 끝으로 우리 세 사람은 지금까지 거의 말을 안 하고 지내요. 남편은 매일 새벽에 나가 밤늦게 들어오고요.

보통 둘 사이가 틀어지면 제가 중간에서 화해를 시도해요. 아들한테 가서 아들 달래고 아빠 입장 설명하고, 남편한테 가서는 남편 달래고 아들 입장 변호해주는 식이죠. 그런데 이제 저도 한계가 온 것 같아요. 다른 집들은 아이가 고3이면 '나 죽었네'하고 성질 죽이고 '대학 들어가면 두고 보자'는 심정으로 속으로만 칼을 간다던데, 겨우 1년을 참아주지 못하는 남편이 밉고, 귀에 딱지가 앉도록 듣는 잔소리인데 매번 삐딱하게 대꾸하는 아들도 밉습니다.

"너한텐 잘해주기도 힘들어" "너랑은 소통이 안 돼" "나한텐 아무것도 바라지 마" 남편이 이런 이야기는 아이한테 안 했으면 좋겠는데 어떻게 설득해야 할지 모르겠어요. 남편이 아들을 끔찍이 아끼고, 진짜 많이 참고 노력하는 것을 잘 알거든요. 그래서 제가 남편에게 "그런 말 하지 마라"라고 어설프게 이야기했다가 자칫 남편이 상처받을까 봐 걱정돼서 아무 말도 못하고 있어요.

아들은 자신이 예의 없이 군 것은 잘못했지만 그것 말고는 자기가 뭘 그리 잘못했냐고 따져요. 그럼 저는 "네가 그렇게 함부로 이야기하면 부모도 상처받아. 아빠랑 엄마는 네가 다정하게 말해주면 좋겠는데 너는 자꾸 삐딱하게만 받아들이니까 서운하다"라고 솔직한 제 생각을 이야기했어요.

제가 남편도 아들도 다 이해한다고는 하지만 사실 저는 남편 입장에 살짝 더 기운 것 같아요. 아들이 안쓰러운 것은 맞지만, 아빠가 하라는 대로 하는 게 더 맞거든요. 아들이 고치려는 노력을 좀 더 해주기 바라는 것 같아요. 하여간 애증의 두 남자를 생각하면 마음이 안 좋아요.

A_

"어머니는 아들 편도 아니고 남편 편도 아니고, 그저 자기 자신의 편이에요."

남편이 상처받을까 봐 걱정돼서 "아들에게 그런 말 하지 마"라고 말하지 못한다고 하셨죠. 남편 편에 살짝 서지 말고 대놓고 서는 게 좋습니다. 남편과 아들이 언쟁을 벌일 때 아내분은 확실히 남편 편에 서세요. 아들에게 엄마와 아빠는 한편이란 것을 명확히 보여줄 필요가 있어요.

사실 이분은 어느 누구의 편도 아니고 자신이 꿈꾸는 완벽한 이상적인 모습으로 남편과 아들, 그리고 가정이 되기를 바라고 있어요. 남편을 '완벽에 가깝다'고 표현하셨는데, 완벽에 가까운 남편에게 뭘 더 바랄 게 있을까요? 완벽해야 한다는 전제가 있기 때문에

'가깝다'라고 하신 것 같아요. 완벽에 가깝다면 그것만으로도 '완벽' 하죠.

아들도 "애교 많고 마음 따뜻한 더 없이 사랑스러운 아들"이라고 하면서도 내심 바람직한 완벽한 아들의 모습을 바라고 있어요. 남편과 아들의 관계도 갈등 없는 완벽히 편안한 관계를 바라고 있고요. 가정은 갈등 없이 언제나 따뜻한 사랑이 넘치는 곳이어야 하고요.

자신과 타인, 관계, 상황 그 모든 것에 이상적인 것을 기대하는 것은 좋으나 꼭 그렇게 되어야 한다는 당위를 붙이면 어머니 자신이 힘들어집니다. 남편과 아들 두 남자의 관계에 냉랭함은 충분히 있을 수 있습니다.

이 집의 서열은 어머니가 가장 위에 있고 그 밑에 (다행히) 아버지, 그 밑에 아들인 것 같습니다. 그래서 어머니 자신이 원하는 대로 남편을 설득할 방법을 물으셨고 그렇게 남편이 바뀌면 쓰리쿠션, 일타 쌍피로 아들도 남편의 말대로 고치려는 노력을 할 것이라고 판단하시는 것 같습니다.

"둘이 싸울 때 서로를 달래기보다는 각자의 마음을 공감해주세요."

남편과 아들이 상극인 것처럼 말씀하셨는데 서로 맞지 않는 성격이란 원래 없습니다. 반대의 성향 또는 성격이 존재할 뿐입니다. 하지만 그런 반대의 성격과 성향은 서로 보완되고 잘 맞춰지면 오히려 시너지 효과를 냅니다. 둘이 맞지 않는다고 본 것은 아내분의 사고의 틀이 옳고 그름, 맞고 틀림, 정상 비정상, 바람직함 또는 그렇지 않음과 같은 이분법적인 사고여서 그렇습니다. 이런 분들은 갈등이 생겨서 분위기가 냉랭해지면 그런 상황을 견디지 못하고 빨리 종결하려는 성향이 강합니다. 남편이 아들에게 "나한테 아무것도 바라지 마"와 같은 말을 하는 것도 상황을 빨리 종료하고 싶어서 극단적인 말을 하는 것입니다.

아내분께 이렇게 권해드립니다.

첫째, 생각의 유연성을 키울 필요가 있어요. 갈등이 생기는 것이 꼭 나쁜 것은 아니라고 생각하세요. 둘째, 남편과 아들의 관계가 본인의 관점으로는 냉랭해 보이지만, 아들이 남자가 되는 과정이에요. 아들이 남자 어른과의 논쟁을 통해 성장해가는 모습을 지켜봐줄 필요가 있어요. 남자가 소년에서 어른이 될 때 어른 남성을 넘어서려하고, 자기 뜻대로 자기 방식대로 하다가(소위 반항) 자신만의 노하우를 발견하게 되는 과정입니다.

그 속에서 어른 남성은 아들에게 계속해서 한계를 제공하고 아들이 그 한계를 뛰어넘으려 하는 것에 맞서 줘야 합니다. 그렇지 않으면 아들은 외로워집니다. 아들이 비로소 남자 어른이 될 때, 약해진 아버지의 뒷모습이 측은해 보이는 순간이 온다는 것을 아내이자 엄마가 지켜봐줄 필요가 있어요.

남편과 아들이 싸울 때 이 여성분은 서로를 달래서 빨리 화해시키는 데 급급하셨어요. 그러나 그러기보다는 서로의 마음을 공감해주는 역할이 필요해요. "마음이 어때?"라고 묻고 "그럴 수 있겠다"라는 식으로 공감해주세요. 그런 다음 "다음에는 다르게 어떻게 해볼까?"라고 질문해주시면 좋아요.

　행동 변화는 말한다고 이루어지는 게 아니므로 훈육은 아이가 말귀를 알아듣는 시기부터 시작해야 합니다. 하지만 그러기가 쉽지 않죠. 사춘기 자녀를 훈육하려면 어떻게 해야 할까요? 자녀와의 갈등을 피하기 위해 자녀가 원하는 것을 무조건 들어주기가 쉬운데요. 그것은 좋지 않고 이때 효과적인 것이 조건부 사랑입니다. 사춘기 자녀들은 유, 초등기 때와는 달리 부모의 짝사랑에 보상을 주지 않기 때문에 부모들이 훈육하다가 지치기 쉬운데, 아이의 감정을 존중하면서 아이가 엄마에게도 필요한 것, 원하는 것이 있음을 알게 해야 합니다. 이를 위해, 엄마 스스로 자기 공감을 하고 이를 표현할 수 있어야 합니다.

"맘에 들지 않는 말을 하면 삐치는 딸 어떻게 해야 좋을까요?"

자기 맘에 들지 않는 말을 하면 삐치는 게 당연하죠. 아이에게 서운해할 자유를 주세요

고3 딸에게 주의를 주면 딸이 삐쳐서 말을 안 한다고 합니다. 남 생각은 하지 않고 자기 생각만 하고, 식탁 정리 등 엄마가 아무리 부탁을 하고 주의를 줘도 변하는 게 없어서 고민인 엄마의 이야기입니다.

부모는 아이가 마음 상하는 모습을 보면 자신이 나쁜 부모인 것 같아서 마음이 좋지 않습니다. 그래서 아이가 서운해하고 속상해할 마음의 자유를 허락해주지 않기가 쉽습니다. 또 하나! 부모가 공감하는 법을 몰라서 아이가 서운해하는 것을 불편하게 받아들일 수도 있습니다.

제가 상담했던 한 어머니도 고3 올라가는 딸 때문에 비슷한 고민을 했습니다. 두 남매를 키우는 워킹맘인데, 엄마가 딸 마음에 들지 않는 말을 하면 딸이 삐친다고 힘들어하더군요. 평소 엄마는 딸이 원하는 것을 웬만하면 잘 들어주려고 하는데 갈수록 딸이 자기 생각만 하는 것 같아서 걱정이 된다고 해요.

"자신이 원하는 것이 늘 이루어지는 사람은 남 생각 하는 걸 배우지 못해요. 부모가 가르쳐야 해요."

자기 마음에 들지 않는 소리를 들으면 서운해하고 삐치는 게 당연한 거 아닌가요? 딸이 어떻게 반응하길 바라세요? 그리고 엄마가 딸이 원하는 것을 웬만하면 잘 들어주려고 하는 진짜 이유가 뭔지 궁금해요. 아이를 사랑해서 그러는 것인지, 아니면 갈등이 생기는 것을 피하기 위한 회피적인 반응인지. 일단, 자신이 원하는 것이 늘 이루어지는 사람은 타인의 입장을 듣거나 고려해볼 경험이 없기 때문에 갈수록 본인 생각만 하게 됩니다. 딸을 타인을 고려할 줄 아는 사람으로 키우고 싶다면 사춘기 때 부모가 적절히 거절을 해줘야 해요.

"저는 출근하기 전에 청소며, 빨래며, 요리며 다 해놓는 스타일인데 딸은 정반대예요. 옷은 아무 데나 벗어놓고 자기 방정리는 절대 안 해요. 딸아이 방이 늘 어질러져 있어서 매번 제가 치워주다가 요즘에는 알아서 해보라고 가만두고 있어요. 엄마가 없을 때 밥 먹고 나서도 치울 줄을 모르고, 매번 식탁에 반찬과 먹다 남은 그릇들이 그대로 있어요. 화내면서 이야기하면 서로 감정만 상할 것 같아서 아침에 출근하면서 좋게 당부해보기도 하고, 메모를 붙여서 부탁해보기도 하고, 문자로 부탁해보기도 했는데 변한 게 하나도 없어요. 그래서 한 번은 마음을 굳게 먹고 딸아이 앉혀서, 그러지 말라고 따끔하게 이야기했더니 또 며칠 삐쳐서 말을 안 합니다. 좋게 좋게 말할 때는 절대 말을 들으려 하지 않아요."

이것은 훈육 방법의 문제입니다. 훈육을 하기 전에 꼭 체크해야 할 것이, 아이와의 관계가 정말 좋은가? 입니다. 이 어머니와 딸은 겉으로 보기에는 별 탈 없어 보이지만, 주종관계인 듯해요. 아이에게 엄마의 권위를 상실했어요.

좋은 말로 당부하고 메모지와 문자로 부탁도 해보았지만, 변화는 오지 않았다고 하셨는데, 변화는 말한다고 오지 않아요. 변화는 불편함을 경험하게 하는 말과 부모의 일치된 행동에서 비롯됩니다. 그래서 훈육은 아이가 말귀를 알아듣는 시기부터 시작해야 하는 것이죠.

"딸아이는 학교 다녀오면 알아서 자기 할 일 하고 그다지 말썽이 많은 편은 아니에요. 친구들은 그다지 많지 않고요. 수학학원에서 선생님께 한 번 호되게 혼나고서는 학원도 그만두었어요. 평소에는 말이 없는 편이고, 자기가 필요한 것이 있을 때나 어쩔 수 없이 엄마한테 말을 하는 것 같아요. 사실 문제는 제게도 있어요. 남편과든 다른 사람과든 문제가 생기면 저도 말을 안 하는 편이거든요. 그냥 참든지 마음으로 원망하면서 시간을 보내다 보면, 그냥 아무렇지 않은 듯 그리 지내게 되더라고요. 요즘 들어 딸이 삐치고 말을 안 하면 저도 말하기 싫어져요. 첨에는 저도 안 그랬어요…. 아직 사춘기이고 전두엽이 덜 발달되었다 하니 이해해주려 하고, 뭐가 그리 잘났는지는 몰라도 '메뚜기도 한철이다' 싶어서 제가 다 이해하고 먼저 말 걸어주고 했는데 이제는 저도 지칩니다. 제가 어떻게 하는 것이 좋은 방법일까요?"

이 어머니는 갈등을 푸는 방법을 바꿀 필요가 있어요. 그동안은 회피적인 태도로 갈등을 무마해왔는데, 자신이 원하는 것을 화내지 않으면서 솔직하게 표현하고, 마음을 터놓고 진솔한 대화를 하는 것이 필요해 보여요. 그래야 가짜 친밀감에서 진짜 친밀감으로 관계가 변화합니다.

"조건적인 사랑을 베풀고 부모의 힘을 키우는 것이 좋은 훈육 방법이에요."

어머니가 '좋은 방법'을 물으셨는데, 구체적으로 무엇에 대한 좋은 방법인지가 나와야 해요. 아이와 관계 개선이 중요한지, 훈육 방법이 궁금하신지 구체적으로 표현할 필요가 있어요. 어머니가 평소 자기 표현을 잘 하지 않는 분이어서 그래요. 이런 분들은 말보다 빠른 속도로 다른 사람의 욕구를 파악해 욕구 충족을 돕는 것에는 익숙하지만 자신이 원하는 것, 속상하거나 서운한 것을 표현하는 것에는 서툰 편입니다. 상대방의 욕구 충족을 돕는 것은 잘 하지만 상대에게 그의 욕구 충족을 미루고 해야 할 일을 먼저 하도록 요구하는 것은 어렵습니다. 그래서 훈육도 어려운 겁니다.

이 어머니는 조건적 사랑을 잘 못하고 있어서 훈육이 어려운 것도 있습니다. 아이가 원하는 것은 웬만하면 다 들어주신다고 했는데, 딸이 먼저 부모가 원하는 것을 해주면 딸이 원하는 것을 들어주는 방식의 훈육이 필요해요.

훈육이 잘 되려면 두 가지가 필요한데요. 앞에서 말한 것처럼 부모가 아이와 관계가 좋은 것이 첫째고, 둘째는 부모에게 '힘'이 있어야 해요. 여기서 힘이란, 학대나 폭력을 말하는 게 아니라 아이를 보호하기 위해 행사하는 '힘'을 말해요.

부모와 아이의 관계가 좋다는 것은 겉으로 보기에 별 갈등이 없다는 뜻이 아니라, 진짜 친밀하다는 의미라고 앞에서 이야기했죠. 다시 말해, 부모와 자식 간 상호 존중이 이뤄져야 하고, 부모는 아이의 의견에 귀를 기울이고 무조건적인 사랑도 많이 제공해야 합니다. 자녀도 부모에게 감사와 존경을 표현해야 하죠. 이기적이고 자기중심적인 태도를 보이는 아이에게 끌려가거나 아이의 욕구를 가능한 한다 들어주는 것으로 둘 관계가 좋아지지 않아요.

관계가 좋은 것 못지않게 부모에게 필요한 것이 바로 힘인데요. 근력, 지구력, 체력 등 아이를 확고히 제압할 수 있는 신체가 필요해요. 힘이 있어야 무리하지 않고 훈육에 성공할 수 있고, 힘이 있어야 실제로 힘을 쓰지 않을 수 있습니다. 육체적인 힘 외에도 카리스마, 확고한 태도, 흔들리지 않는 마음 같은 정신적인 힘이 중요해요. 눈빛으로, 낮은 목소리로 아이를 제압할 수 있어야 하거든요.

화내는 것은 아니지만 '네가 뭘 해도 난 흔들리지 않아'라는 느낌을 주는 단호한 눈빛. 아이에게 그런 느낌을 줄 수 있어야 교과서적인 훈육이 잘 먹힙니다.

"카리스마 있고 권위 있는 부모는 책에서나 있죠. 현실 부모가 어디 그러기가 쉽나요?"

문제는 그런 부모가 실제로 그리 흔치 않다는 것입니다. 그런 부모를 흔히 권위를 가진 부모라고 하는데, 그런 면에서는 서양인에 비해 동양인이, 예전 부모에 비해 요즘 부모가 좀 떨어집니다. 그렇게 되면 훈육은 교과서적인 접근에서 멀어집니다. 책은 책이고, 실제는 다르죠. 그렇다면 '힘'이 부족한 부모는 훈육을 어떻게 해야 할까요?

부모가 자녀를 짝사랑하는 것은 자녀가 사춘기일 때나 유, 초등 시기일 때나 동일하죠. 사춘기 때나 유, 초등기 때 뇌가 폭발적으로 발달하기 때문에 둘 다 불안정한 것은 마찬가지이고 부모 입장에서 보면 통제가 안 돼요. 그런데 부모의 짝사랑에 유아기의 아이들은 시시때때로 보상을 해주기 때문에 부모가 지치지 않고 다시 아이를 사랑하고 훈육할 수 있습니다. 반면, 사춘기 자녀들은 부모에게 별다른 보상을 하지 않기 때문에 부모가 아이에게 사랑을 주다가 지쳐버리고 훈육을 하다가 아이가 마음이 상한 것을 보면(자신에게는 보상이 아니기 때문에) 그게 싫어서 훈육을 포기해요.

사춘기 자녀를 둔 부모가 아이를 탈자기중심성으로 이끌기 위해서 아이에게 표현해주어야 하는 것은 우선, 자기 공감입니다. 즉 부모 스스로 자신의 필요와 욕구를 알아차려야 해요. 그래야 아이도 부모에게 필요한 것, 원하는 것이 있음을 알 수 있습니다.

둘째, 아이의 감정을 존중할 필요가 있어요. 더불어, 아이가 원하는 것과 아이에게 필요한 것이 상충될 때 아이에게 필요한 것을 먼저 할 수 있도록 돕고 그다음에 아이가 원하는 것을 스스로 하도록 지지해줄 필요가 있습니다.

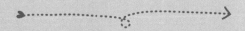

엄마가 사춘기 아들을 키울 때 꼭 기억해야 할 것이 있는데요. 소년에서 남성이 되어가는 아들의 특성과 도덕성 발달 단계의 특성을 이해해야 합니다. 엄마가 아들이 반듯하게 커가길 바라는 마음에서 잘못을 지적하는 데 초점이 맞춰지면, 아들은 자존감이 떨어지고 점점 방어적이 되면서, 심하면 여성 혐오로 이어질 수도 있습니다. 아들이 잘못한 일보다는 잘한 일에 초점을 맞추고 칭찬과 공감을 먼저 해줄 필요가 있습니다. 그리고 잘못했다고 말로 탓하지 말고 그 경험을 통해 무엇을 배웠는지 질문해주세요. 그리고 아들이 하기를 바라는 행동을 엄마의 행동으로 보여주는 것이 필요합니다.

"잘못을 인정하지 않고 자기합리화만 하는 아들 도덕성에 문제가 있는 걸까요?"

도덕성 문제는 아니고 자기방어를 하는 것 같아요. 미안하지만 어머니의 시선이 문제예요

고1 아들을 둔 어머니가 아들의 도덕성에 문제가 있는 것은 아닌지 걱정하고 있습니다. 자기 잘못은 절대 인정하지 않고 뉘우치는 법도 없으며 매사에 자기합리화하기에 급급하다고 합니다.

Q_

저는 고1 외아들을 둔 사십 대 후반의 워킹맘입니다. 외아들이지만 버릇 나빠질까 봐 비교적 엄격하게 키웠어요. 그런데 아들이 변명만 늘어놓고 잘못을 절대 인정하는 법이 없어서 속상해요. 한 번은 담임선생님이 전화가 와서 아들이 자꾸 지각을 한다는 거예요. 저도 출근하느라 아들이 지각하는 줄은 몰랐거든요. 저녁에 들어와서 아들에게 말했죠. "선생님이 너 지각 자주 한다고 연락하셨더라. 일찍 좀 다녀라." 그랬더니 "365일 지각하는 것도 아닌데 제때 간 적도 많아"라며 자기합리화를 하는 거예요.

친구와 이야기할 때는 본인이 제일 잘하는 과목의 점수를 이야기하면서 마치 자기가 공부 잘하는 사람인 양 말하더라고요. 이것도 자기합리화의 일종이죠. 일상생활이 잘 안 되어서 제가 한마디 하면 예전에 잘했던 일을 물고 늘어지면서 절대 잘못을 인정하지 않습니다. 스스로 뉘우치지 않으니 잘못이 고쳐지질 않아요. 저희 아들 도덕성에 문제가 있는 걸까요?

A_

"일단 도덕성에 문제가 있는 건 아니니 안심하세요."

아이 스스로 잘한 일과 잘못한 일을 구분하고 있습니다. 그러니 도덕성에 문제가 있는 것은 아니에요. 다만, 아이가 자기방어를 하고 있어요. 왜 그럴까요? 어머니는 거기에 주목할 필요가 있습니다.

잘못을 지적받으면 사람은 누구나 자기방어를 하게 됩니다. 자기방어, 자기보호는 인간이 가지고 있는 아주 중요한 욕구이죠. 자기방어는 여러 형태로 나타나는데요. 잘하는 게 없는 아이들은 대체로 '자기변명'을 합니다. 어른들이 하는 자기변명은 쉬운 예로 "차가 막혀서" "시간이 없어서"입니다. 아이들이 엄마 탓을 하는 것도 일종의 자기변명입니다.

반면 이 아들처럼 잘한 게 있는 아이들은 자기가 잘했던 것을 주장합니다. 어머니는 그 의미를 대수롭지 않게 넘겨서는 안 될 것 같아요. 어머니가 꼭 알아줘야 하는 것이 고등학생 아들, 즉 사춘기 소년에서 남자가 되어가는 시기라는 거예요. 발달시기로 보면 폭풍과도 같은 시기이죠. 대체 사춘기가 어떤 시기이길래?

어머니가 도덕성 문제를 말씀하셨으니, 도덕성 발달단계로 이야기해볼게요. 도덕성이란 어떤 사물이나 상황에 대해 옳고 그름을 판단하고 바르게 행동하는 능력을 말해요. 고등학교 때는 도덕성이 전인습적 수준에서 인습적 수준과 후인습적 수준으로 발달해가는 전환점이 되는 시기예요. 전인습적 수준이란 권위자의 규칙을 따르는 아동기의 특성이에요. 고등학교 때는 행동의 결과보다는 소속된 곳의 규칙을 따르는 게 중요하고 인간관계에서 인정받기 위해 사회적 규준을 수용하는 형태로 도덕성이 발달해요. 이를 인습적 수준, 나아가 후인습적 수준의 도덕성이라 말하죠.

"잘할 때는 아무 소리 안 하고 잘못한 것만 지적하면 아들은 당연히 방어적이 되고 자기합리화를 하게 돼요."

어머니 이야기를 들어보면 어머니는 아들이 잘할 때 칭찬은 해주지 않고 잘못한 것만 지적하고 있어요. 사춘기 아들의 도덕성 발달

단계를 이해했다면, 이때 중요한 것이 잘한 결과에 대한 칭찬보다는 과정 속에 애쓰고 힘들었던 것을 인정해주는 거라는 것도 아실 거예요.

예를 들어, 지각했다고 선생님이 연락했을 때 "선생님이 너 지각 자주 한다고 연락하셨더라. 일찍 좀 다녀라"가 아니라, "그날 혹시 아팠니? 무슨 일이 있었니? 지각 안 하고 잘 다니더니 그날은 왜 그랬니?" 하고 물었어야 해요. 그날 지각한 이유를 살펴주지 않은 것이 문제죠. 그리고 그날 별 이유 없이 늦었어도 학교에 갔던 것은 인정해줄 필요가 있어요.

그동안 잘해왔던 것을 인정해주고 힘들더라도 계속 잘해주기를 당부하면서 혹시 필요한 도움이 있으면 말해달라고 하는 것이 격려예요. 그 과정에서 또 잘못할 수도 있겠지만 결국 잘 해낼 수 있을 거라고 믿어주는 마음. 그것이 신뢰이고요. 그런 신뢰를 아들에게 말로 해주세요.

"일상생활이 잘 안 되어서 한마디 하면"이라고 하셨는데, 거기엔 이런 의미가 있어요. 평상시 관심을 가지고 대화하거나 아이의 마음을 공감하거나 잘한 것을 칭찬해주는 대화는 없고 잘 안 될 때만 이야기를 한다는 뜻이에요. 그런 관계에서 아들이 방어적인 태도를 보이는 것은 너무나 자연스럽습니다.

"남자를 잘 모르는 어머니… 남자를 변화시키는 것은 '인정'과 '칭찬'이에요."

어머니는 남성을 대하는 방법을 잘 알고 계실까요?

그렇지 않은 것 같아요. 어머니의 바람처럼 아들의 행동은 단번에 바뀌지 않아요. 남자를 변화시키려면, 일단 뭐라도 잘한 것을 칭찬해주어야 해요. 결과가 나쁘더라도 애썼음을 인정해주고 이면에 잘하고 싶은 마음이 있음을 믿어주어야 합니다. 그리고 잘하는 방법을 스스로 발견할 수 있도록 시행착오를 허용해주면서 경험을 통해 배워가도록 기다려주어야 해요. 이 아들도 그래야 변해요. 어머니는 변했으면 좋겠는 구체적인 일상의 행동을 구체적인 언어로 표현해줄 필요가 있어요.

사춘기 아이들이 힘들고 어려울 때 누구를 찾아갈까요? 밥 사준 사람? 놀아준 사람? 조언해주는 사람? 잘못을 혼내는 사람? 그중 누구일까요?

사춘기 아이들이 누구의 행동을 따라하고 모방할까요?

부모가 혹은 어른이 권위자가 되는 방법은 무엇일까요?

만약 지금 이 문제들을 풀지 못하면 어머니는 아들에게 어떤 영향을 주게 될까요?

지금처럼 어머니가 아들을 대하면 아들이 남자로 발달해가면서 형성되어야 할 자존감, 소속감, 자기정체감, 자기가치 인식이 손상되고, 결과적으로 여성에 대한 혐오감이 생길 수 있어요. 그리고 이후에 대인관계에서 특히 이성과의 관계에서 자기를 존중해주는 여성을 만나지 못할 가능성이 높아요.

어머니가 아들을 변화시키는 마법의 5가지 단어! 칭찬, 인정, 위로, 격려, 감사를 기억하세요. "네 말이 맞다"라고 공감하고 인정해주세요. 사람은 자신이 괜찮은 존재라는 느낌이 들어야 자신을 돌보게 됩니다.

"아들은 지금 자신이 잘한 것도 인정해달라고 울고 있어요. 그 눈물을 닦아주세요."

어머니가 결국 원하는 것은 무엇인가요? 아들이 잘못을 인정하고 행동에 변화를 가져오기를 원하나요? 그럼 아이에게 그렇게 말하지 말고 보여주세요. 아들은 어머니가 잘잘못을 따질 때마다 자신을 방어하는 언어 습관을 터득하고 이미 거기에 길들여져 있어요. 엄마와의 오랜 싸움의 결과로 말이죠. 그러니 어머니의 말은 더는 통하지 않을 거예요. 그러니 자기 잘못을 인정하고 행동을 변화시키는 모습을 모범으로 보여주세요. 어떻게? 아들에게 이렇게 사과하세요.

"네가 잘할 때 칭찬해주고 인정해주지 않았어. 엄마가 미안하다."
"네가 학교에 지각하면 무슨 일이 있었는지 네 걱정을 먼저 하지 않고 행동만 가지고 뭐라고 했다. 엄마가 미안해."

아들은 지금 자기편이 없는 느낌이 들기 때문에 방어만 하고 자신을 돌아볼 여유가 없어요. 자신이 잘한 것도 인정해달라고 속으로 엉엉 울고 있어요. 남자는 인정받기 위해 살기 때문에 부모가 아들을 인정해주지 않으면 아들은 외로워져서 자신을 인정해주는 친구 그룹의 행동을 더더욱 따르게 됩니다.

이 어머니도 아이 키우느라 애 많이 쓰고 오래 고민하셨는데 자신이 바라는 대로 되지 않아서 힘들고 어려웠을 거예요. 아이를 바르게 키우고 싶은 조급한 마음에 아들이 잘못한 것만 눈에 띄었을 거예요. 그 마음도 충분히 이해되고 위로해드리고 싶습니다.

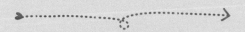

고등학생 딸의 꿈이 연예인이라면 부모는 어떤 심정일까요? 고등학생 아들의 꿈이 프로게이머라면? 부모가 그 꿈에 동의하지 않고 아이가 공부해서 대학 가기를 원한다면, 걱정을 많이 할 거예요. 이때 중요한 것은 부모가 열린 마음으로 자녀와 대화하는 거예요. 결론을 먼저 정해놓고 자녀를 그쪽으로 유도하는 것은 올바른 대화법이 아니에요. 부모가 원하는 것을 솔직하게 이야기하고 자녀가 원하는 꿈도 잘 들어보세요. 그래도 타협점이 생기지 않으면 조건부에 따라 자녀의 꿈을 들어주는 것이 좋아요. 사랑은 무조건 하는 것이 좋지만, 훈육은 조건을 붙이는 게 좋아요.

#10 / 엄마와 딸

**"아이돌이 되고 싶다는 딸…
강력히 반대하고 싶지만 탈선할 것 같고
어떻게 이야기하면 좋죠?"**

어머니는 아이가 이미 비뚤어졌다고
생각하는 것 같아요

●

고2 딸이 공부는 자신과 무관하고 아이돌이 되겠다며 보컬학원에 보내달라고 하는데 엄마는 완강히 반대도 못하고 찬성도 못하고 갈등하고 있습니다. 딸이 공부를 계속했으면 좋겠는데 괜히 반대했다가 딸이 잘못될까 봐 걱정이라고 해요.

Q_

저는 고2 딸을 둔 엄마예요. 딸이 곧 고3 수험생이 되니 공부에 대해 엄마로서 신경이 쓰이는 건 당연하잖아요. 근데 딸은 공부는 자신과 무관하다며 무사태평합니다. 본인은 연예인이 꿈이랍니다. 정확히 말하면 BTS 같은 아이돌 가수가 되겠다고 해요. 그러면서 다이어트에 외모 꾸미는 데만 열중하고 공부는 아예 포기한 것 같아요.

얼마 전에는 보컬학원에 보내달라고 해서 비용을 알아보았는데 너무 비싸서 깜짝 놀랐어요. 학원 비용도 그렇지만, 확실히 연예인이 된다는 보장도 없고 연예인이 되어도 미래가 불투명하잖아요. 연예인은 절대 안 된다며 강력히 말리고 싶지만, 그러지 못하고 있어요. 한창 예민한 나이에 엄마가 그러면, 딸이 더 비뚤어지고 탈선할 수 있잖아요. 어쨌거나 딸이 연예인보다는 공부를 했으면 좋겠어요. 딸아이와 어떻게 대화해야 좋을까요?

A_

"어머니는 딸이 연예인이 되겠다고 생각하는 것 자체가 비뚤어졌다고 생각하는 것 같아요."

어머니는 "딸아이와 어떻게 대화해야 좋을까요?"라고 물으셨는데 속뜻은 이런 거예요. "딸과 어떻게 대화하면 딸이 연예인 되는 것을 포기하고 학교 공부를 열심히 해서 미래가 보장되는 안정적인 직업을 갖는 학과에 진학하도록 할까요?"

과연 그런 대화법이 있을까요?

되도록 안정적인 미래를 살았으면 하는 게 부모 마음인 것은 인정합니다. 그러나 미래가 안정적인 일이 뭐가 있나요? 세상에서 가장 확실하고 변하지 않고 안정적인 것은 '사람은 죽는다. 과거는 돌이

킬 수 없다. 미래는 모른다'는 사실 아닐까요?

딸과 대화하는 것에 대해 질문하셨으니, 어머니의 걱정을 저한테 이야기한 것처럼 딸에게도 솔직히 표현하는 것이 좋을 것 같습니다. 엄마가 뭐가 걱정되는지, 엄마가 정말 바라는 것은 무엇인지, 그럼에도 불구하고 딸이 바라는 것을 무조건적으로 반대하고 싶지는 않다는 뜻을 딸에게 솔직히 이야기하세요.

그리고 조건을 거세요. 예를 들어 보컬학원에 다니는 것을 후원해주는 조건으로 학교 성적은 어느 정도 유지해야 하고, 일상생활도 유지해야 하고, 건강을 위해 체중도 어느 정도 유지해야 한다는 점을 명확히 이야기하세요. 자신이 원하는 것을 열심히 하고 성과를 내는 것이 유지되어야 계속적인 후원이 이루어질 수 있고, 자신이 원하는 것만 하는 게 아니라 자신에게 필요한 일도 해야 한다는 것을 경험하도록 하세요. 그게 중요해요. 왜냐하면 우리가 원하는 것, 하고 싶은 것을 하면서 살려면 그것을 위해 필요한 일도 반드시 해야 하잖아요. 그것을 딸이 체득할 필요가 있어요. 그게 바로 자신의 선택에 대한 책임을 스스로 지도록 가르치는 겁니다.

"하고 싶은 것을 하려면 하고 싶지 않지만 해야 할 일도 있다는 것을 가르쳐야 해요."

어머니는 자신이 괜히 훈육했다가 아이가 비뚤어질까 봐 걱정하고 계신데, 청소년기에는 무조건적인 정서적 지지와 함께 조건적인 후원도 필요해요. 사랑은 무조건 해주는 것이 좋지만, 훈육은 조건을 붙여야 해요. 딸에겐 선택에 대해 책임지는 것을 가르쳐야 하죠. 자신이 원하는 것을 찾고 자신이 원하는 것을 하려고 시간과 돈과 에너지를 투자할 때, 하고 싶지 않지만 해야 할 일이 있다는 사실을 알아야 합니다.

이를 다른 말로 하면 성실함, 꾸준함이에요. 잘 되지 않더라도 계속하는 힘, 자신을 관리하는 것, 그 시기에 맞는 공부를 하는 것, 재정적인 책임을 스스로 지거나 그것을 후원하는 사람의 바람도 들어주는 것 등이 해당되어요.

"아이가 꿈을 꾸고 그 꿈을 이뤄나가는 과정을 함께하는 것. 그것이 사춘기 부모가 맡아야 할 역할인 듯해요."

그러다가 연예인이 되지 못하면 어떻게 할까 걱정되세요? 아이가 꿈을 실현시키는 과정에서 좌절은 필수입니다. 꿈을 이루는 과정에서 정말 하고 싶은 것을 발견하는 연습이 필요해요. 또 자신이 하고 싶은 것을 할 때도 힘든 점이 있음을 스스로 알아야 하죠. 그런 슬럼프나 좌절 앞에서 포기하지 않고 방법을 찾아가는 연습이 필요해요. 그것이 바로 딸의 회복탄력성을 키우는 비결이죠.

"공부는 내 꿈과 무관하다"는 딸에게는 모든 것이 공부라는 것을 가르쳐줄 필요가 있어요. 연예인이 공부를 하지 않는 것은 아니에요. 연예인도 수능 준비를 하고, 데뷔할 때까지 연습생 시절에 엄청난 공부와 함께 연습을 하죠. 데뷔 이후에도 언어 공부와 운동, 자기관리는 필수라는 것을 딸에게 일상생활에서 가르쳐주세요.

부모 마음이라는 게 참 복잡하죠. 아이가 원하는 걸 다 들어주고 싶지만 부모 욕심도 있거든요.

끝으로, 이 어머니에게 말씀드리고 싶은 것은 어머니의 꿈은 어머니가 실현해가시고, 아이가 꿈을 꾸고 그 꿈을 이뤄나가는 과정에 그저 함께만 해주세요. 바로 그것이 사춘기 부모의 역할인 듯합니다.

제5장

자기 자신,
친구 관계와 직장

나만의

대나무숲을 만들라

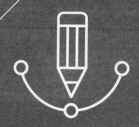

　내가 기대하는 나, 남에게 보여주고 싶은 나로만 살면 가짜 친밀함만 쌓이고 외롭고 공허합니다. 그 공허함을 채우기 위해 중독에 빠지기도 하죠. 일중독도 그렇습니다. 하지만 사람은 그냥 자기 하고 싶은 대로 살고 자신과 가족만 위해 살아도 괜찮습니다. 배우자에게 사랑받고 싶은 것도 당연해요. 사랑받고 싶다면 그렇다고 말하면 됩니다. 자신이 받고 싶은 사랑을 주면서 아무 말 안 하면 상대는 모릅니다. 그래서 불만이 쌓이는 거예요. 사랑하는 사람을 받기만 하는 나쁜 사람 만들지 말고 원하는 사랑을 달라고 해야 해요.

**"결혼 후 제 못된 이중성이 드러나는 게 싫어요.
가치관이 흔들리는 저 문제 있는 거죠?"**

문제 없는 사람이 어디 있나요?
그렇게 사느라 참 힘들었겠다 싶어요

●

결혼 전에는 어려운 이웃을 위해 나눔의 삶을 살고 마음 따뜻하고 이타적이라는 평판을 듣던 분이 결혼 후 이기적으로 변해가는 자신의 이중적인 모습에 힘들어합니다. 한편으로는 자기 혼자 사랑을 쏟아붓고 헌신하는 것 같아서 남편에게도 서운함과 분노가 가득하다고 해요.

Q_

저는 결혼한 지 6개월 된 30대 후반 여성입니다. 어렸을 때 술만 드시면 엄마와 저희들에게 폭언과 폭력을 가했던 아버지 밑에서 암울한 청소년기를 보냈어요. 공부엔 관심이 없었고 항상 밖으로만 나돌다가 다행히 20대에 종교를 통해 많은 회복을 경험했어요. 종교 생활을 하면서 주변 사람들에게 '마음이 따뜻하다, 착하다, 리더십이 있다' 같은 좋은 이야기들을 들으며 자신감이 생기더군요. 직장에서도 실력을 인정받았고요. 지금의 남편도 직장에서 만났어요.

남편은 제 이타적인 모습에 반했대요. 남에게 따뜻하고 어려운 이웃을 돌보고 일도 잘하는 모습이 맘에 들었대요. 저는 남편이 연하이지만, 제 아버지에게는 없는 듬직함이 있어서 남편을 선택했어요. 아직까지는 별 다툼 없이 재미있게 살고 있지만, 문득 문득 제 이중적인 모습이 드러나 남편이 장난식으로 지적할 때가 있어요. 특히 돈 문제에서요.

저는 원래 돈을 가치 있는 곳에 써야 한다고 생각하는 사람이었습니다. 그래서 어려운 이웃을 돌보는 나눔의 삶을 중요하게 생각했죠. 남편은 저의 그런 점을 특히 좋아했어요. 그런데 결혼 후에는 나와 남편, 가정의 즐거움을 위해 돈을 쓰는 사람으로 바뀌었습니다. 남편이 반했던 '좋은 사람' '남을 돌아보는 삶'은 온 데 간 데 없고, 어느덧 인색한 사람이 되어버린 제 자신을 발견하고 있습니다. 일에 대한 집착, 완벽주의 성향도 더욱 심해져서 현재 일과 대학원 공부를 병행하고 있어요.

이따금 이 평화가 깨질까 봐 두려워서 남편과 시부모님께도 최선을 다하지만, 속으로는 나 혼자만 헌신하는 것 같아서 불만도 있습니다. 그러다 보니, 제 스스로에게 실망스러울 때가 많고 이따금 예민해지기도 해요. 특히나 남편에 대해 내가 사랑해준 것보다 받지 못할 때 속으로 얼마나 서운하고 화가 나는지 몰라요. 그런 내 모습이 들킬까 봐 걱정돼고 이런 이중적 태도로 나중에 아이를 낳아 키운다면 아이가 잘못될까 봐 두렵기도 합니다. 저 문제가 있는 거죠?
어떻게 이 문제를 해결해야 할까요?

A_

"문제가 아닌 것을 문제라고 하는 게 문제예요. 사람이 사람인
걸 믿으세요."

문제가 없는 사람이 어디 있겠습니까마는 자신이 문제가 있는 거
냐고 질문하셨으니까 그 기준으로 답하면 문제가 있죠. 문제가 아
닌 것을 문제라고 하는 것이 문제입니다. 사람이 사람인 걸 믿으셔
야 합니다. 사람은 그리 좋은 존재도 이상적인 존재도 아닙니다. 사
람은 가끔 좋은 일을 하고 가끔 남을 위합니다. 누구나 다 그래요.
그렇지 않은 사람, 즉 타인을 위해 헌신하는 삶을 살기로 한 성직자
같은 분들을 우리가 존경하는 이유는 자기만족을 버리고 타인의 만
족을 위해 살기에 그렇습니다.

그런데도 저는 가장 이기적인 것이 가장 이타적인 것이라고 생각
하는 것이 남을 위해 사는 삶도 결국 자신이 원해서 선택한 것이기
때문입니다.

"이제라도 자신이 사람인 걸 받아들이고 사람의 진실한 모습을 사랑하며 살아갈 기회를 맞이하신 것에 축하드립니다."

'지금은 맞고 그때는 틀리다'라는 영화 제목처럼 이분의 삶도 '그때는 그때의 이유로 맞고 지금은 지금의 이유로 맞습니다.' 그것을 솔직하게 인정하고 표현할 용기가 필요해요. 자신의 모습을 이중적이라고 하셨는데, 지금의 모습에 대해 수치심을 느끼고 있는 것 같아요. 특히 역기능 가정에서 자란 사람들이 자신의 욕구에 대해 모든 면에서 수치심을 느끼는 경향이 있죠. 그 이면에는 남편이 본인의 그런 모습도 사랑해줄까? 하는 두려움이 있어요.

자기 자신을 이해하고 수용하세요. 그리고 그런 나를 앞으로 어떻게 사랑해줄까? 를 고민하세요. 그런 자신의 모습을 솔직히 표현하도록 용기를 내세요. 그리고 남편에게 "나 사실 이런 사람인데 이런 나도 사랑해주면 좋겠어"라고 말씀하세요.

"자신의 속살을 있는 그대로 보여주고도 괜찮다는 확신이 들어야 해요. 그렇지 못해서 일중독이 된 것 같아요."

이분은 자신의 욕구보다는 자신이 괜찮다고 생각하는 기준에 부합하려고 애쓰면서 살아오셨어요. 그렇게 사느라 참 힘들었겠다 싶어요. 그때 가장 큰 힘듦은 외로움이죠. 진짜 친밀함은 없기에 그래요. 겉으로 드러난 모습으로만 살면 가짜 친밀함만 쌓입니다. 진짜 친밀함은 어떻게 만들어지나요? 자신의 속살을 있는 그대로 보여주고 그것이 서로 괜찮다는 것을 확인할 때 만들어져요. 가짜 친밀함으로 사는 삶엔 억울함과 분노, 공허함이 생깁니다. 그 공허함을 채우기 위해 많은 사람이 중독에 빠지는데 일중독은 한국 사회에서 가장 많아요. 이분도 일중독인 듯해요.

그래서 앞으로 어떻게 살고 싶은데요? '내가 기대하는 나' '다른 사람들에게 보여주고 싶은 나(이상적인 나)' '현실의 나(실제의 나)' '감추고 싶은 나' 중에 어떤 나로 살고 싶나요? '실제의 나'를 많이 감추거나 인식하지 못하고 살아온 사람들은 실제의 나를 노출하는 데 많은 용기가 필요해요. '실제의 나'를 '나쁜 나'로 규정하고 감추고 부끄러워하면 그런 용기를 내기가 너무 어렵죠. 그래서 자신이 다른 사람에게 좋은 사람으로 보이려고, 하던 대로 계속하면 자신을 돌보지 않게 되므로 분노와 원망, 억울함이 쌓입니다.

"상대를 받기만 하는 나쁜 사람 만들지 말고, 원하는 걸 그냥 달라고 하세요."

먼저 내 가정을 위해 돈을 쓰는 건 인색한 게 아니에요. 나와 내 가정을 위해 살지 않으면서 남을 위해 사는 것을 허세라고 하죠. 특정 결단을 하신 분들도 먹고는 살아야 합니다.

아버지의 폭력이 있던 무서운 가정에서 얼마나 힘들고 부모의 사랑과 인정에 굶주렸겠어요. 그래서 그런 사랑과 인정이 넘치는 곳에서 살면서 그들과 같아지려고 하게 된 것 같아요. 그게 꼭 나쁜 것은 아니지만 그런 모습만 강조하면서 살면 힘들어지고 사람이 가식적이 됩니다.

사람은 그냥 자기가 하고 싶은 대로 살고 자기 자신과 가족만 위해서 살아도 괜찮습니다. "네 이웃을 네 몸같이 사랑하라"는 성경 말씀의 포인트는 나를 사랑하고 그와 같은 방법으로 상대를 사랑하라는 거예요.

아이를 어떻게 키울까 고민하시는데 자신의 욕구를 인정하고 충족하면서 살지 않으면 아이에게도 아이의 욕구보다는 자신의 수치심을 감추기 위해 '내가 기대하는 나'로 살라고 강요할 가능성이 높습니다.

남편에게 사랑받고 싶은 건 당연해요. 그냥 사랑받고 싶다고 말하면 돼요. 나도 사랑받고 싶어서 그렇게 했다고. 원래 받고 싶은 걸 받고 싶다고 말하지 않고, 받고 싶은 대로 주면 상대는 그냥 받은 것을 고마워할 뿐이지, 내게도 받고 싶은 마음이 있다는 것을 모릅니다. 그래서 상대를 받기만 하는 나쁜 사람 만듭니다. 그냥 달라고 하세요. 안 주면 다른 사람에게 달라고 하면 됩니다.

우리가 하는 대부분의 병리적인 행동, 문제 행동들은 사랑을 잃을까 하는 두려운 마음 때문에 생깁니다. "오직 사랑만이 두려움을 내

쫓는다"는 성경 말씀이 있죠. 그것은 정확히 심리적인 말입니다. 있는 모습 그대로의 나를 누군가 그대로 사랑하고 괜찮다고 말해주는 것을 경험하면서 내가 사랑받는다는 확신이 들면 두려움이 사라져요. 그것은 진짜 친밀한 관계에서 시작됩니다.

남편과 이런 진솔한 대화를 할 수 있기를 바랍니다.

> "사실 내게는 이런 모습도 있지만 속에는 저런 모습도 있어. 그런데 그런 나를 내보이면 당신의 사랑을 잃을까 봐 두려웠어. 나는 당신을 사랑하고 당신과 잘 살고 싶고 당신과 함께하는 현재의 삶이 너무 감사하고 고맙기 때문이야."

푸른 소나무처럼 꼿꼿 청정하고, 일 처리를 원칙대로 똑 부러지게 잘하는 사람은 위아래 인간관계에서 어려움을 겪을 수 있어요. 그것을 억울하다고 하면 안 돼요. 왜냐하면 원칙대로 일하기로 한 본인의 선택에 따른 자연스러운 결과이기 때문이에요. 오히려 유능한 본인 때문에 위기감을 느끼며 억울해하는 동료와 마음을 다친 아래 직원들을 다독여주는 미덕이 필요해요.

**"제 험담이나 하면서 헛소문을 퍼트리는 30년 경력자…
전 너무 억울합니다!"**

잘난 신입 때문에
인정받지 못한 그분이
더 억울할 거예요

최근 초고속 승진해 사내 최연소 임원이 되었는데 직장에서 억울한 일을 많이 겪고 있다는 한 직장인의 이야기입니다. 동료인 30년 경력자가 자신의 험담을 많이 하고 다니며 사실 아닌 소문을 퍼트리고 있어서 너무 힘들다고 합니다.

Q_

요즘 직장에서 억울한 일이 너무 많아요.

올해 초 저는 40대 초반 이른 나이에 임원으로 승진해서 우리 회사에서만 30년 된 분과 어깨를 나란히 하게 되었어요. 회사 역사상 최연소 임원 승진이라고 좀 떠들썩했었죠. 그런데 그 30년 된 분이 뒤에서 제 험담이나 하고 다니고, 사실도 아닌 소문을 퍼뜨리면서 저를 모함하고 계세요. 제 밑에 있는 직원 중 저한테 불만이 있는 직원들을 모아서 저를 공격하는 사건을 만들기도 해서 얼마나 당황스러 웠는지 몰라요.

저는 본래 겉과 속이 똑같은 사람이에요. 뭐든지 원칙대로 하는 편이라, 어떤 직원이 저한테 나쁘게 대한다고 해서 그 직원에게 감정적으로 대하고 불이익을 주는 것을 딱 질색합니다. 아무리 저한테 나쁘게 굴어도 원칙에 맞게 일만 잘하면 좋은 점수를 주죠. 그런데 그 30년 된 분은 자기 맘에 드는 사람한테는 정말 잘해주고 자기 맘에 안 들면 이유 없이 괴롭히기 때문에 직원들은 그분 앞에서 아첨하는 것이 일상이 되었어요. 물론 저를 제대로 알고 믿고 따르는 직원들도 있기는 하지만요.

이 30년 된 분이 저를 괴롭힌다는 것을 대표님도 아시지만 이런 상황을 그냥 즐기는 것 같아요. 대표님은 오히려 우리를 따로 불러서 서로 이간질하고 둘의 관계를 더욱 악화시키고 있어요. 저한테 하는 말과 그 30년 된 분한테 하는 말이 다르더라고요. 사무실에서는 온갖 이상한 소문이 떠돌고… 제가 보기엔 정말 진흙탕이에요.

이런 조직에서 나 혼자 소나무처럼 청정하게 산들 무슨 소용일까? 라고 요즘 계속 회의가 들어요. 제 위치가 딱 직원들과 윗분들 사이에 낀 중간 자리인데요. 그래서 너무 힘든 것도 있어요. 직원들이 다 저를 이해하는 것도 아니고, 그렇다고 윗분들이 선을 명확하게 그어주는 것도 아니고, 게다가 같은 위치에 있는 동료들은 기회만 되면 저를 모함하려고 혈안이고….

저는 늘 소신껏 원칙을 지키며 직원들을 대하고 있고 그저 맡은 일 열심히 하고 있는데 너무 억울합니다. 그 모든 엉뚱한 소문들에 대해 기자회견이라도 하고픈 심정입니다.

A_
"이분은 무엇이 억울한 것일까요?"

억울한 마음에는 두 종류가 있습니다. 하나는 내가 받아야 할 것을 내가 생각하는 기준에 못 미치는 다른 사람이 받는 것을 볼 때의 부러움 + 억울함입니다. 부당하다고 느낄 때 밀려오는 억울함이죠. 다른 하나는 내가 하지 않은 것을 내가 했다고 다른 사람들이 말할 때 느끼는 억울함입니다.

어떤 것이든 그런 억울함 뒤에는 인정받고자 하는 마음이 있습니다. 이분은 모든 일을 원칙대로 처리한다고 하셨는데 스스로 이렇게 질문해볼 필요가 있습니다. 원칙대로 처리하는 것이 내 소신을 지켜나가기 위한 것인가(그렇다면 도덕 발달이 최상위 수준), 아래 직원들에게 존경받고 윗사람에게도 신임을 얻기 위해서인가? 후자의 마음이 없다면 사람이 아니죠. 사람은 누구나 자신이 하는 일에서 유능감을 느끼는 동시에 다른 사람들에게 그런 면을 인정받고 싶어 합니다.

회사에서 인정은 무엇으로 옵니까? 급여와 승진입니다. 부당한 징계를 받거나 성과에 대해 인정받지 못한 경우가 아닌, 관계에서 어려움을 겪는 것은 능력 있고 자기 원칙을 고수하는 사람들이 경험해야 할 숙명입니다. 나를 시기하고 미워하는 사람들이 원하는 것은 무엇일까요? 그들도 인정받고 싶은 거예요.

그 30년 된 분은 아마도 회사에서 자신이 원하는 만큼의 인정을 받지 못하고 있을 가능성이 큽니다. 여기서 이분의 딜레마는 본인을 시기하고 깎아내리려는 동료를 포용할 것인가? 입니다.

그 딜레마를 풀려면 먼저, 푸른 소나무처럼 청정하게 살고자 하는 분들의 장단점을 이해할 필요가 있습니다. 장점은 성실함과 안정감, 일관성과 신뢰입니다. 약점은 인간관계에서 융통성이 부족한 것입니다. 이분은 아첨까지는 아니더라도 관계를 부드럽게 하는 말, 상대의 위상을 높여주고 인정해주는 말을 해주려는 노력이 필요합니다.

"30년 된 분이 왜 이분에 대해 험담할까요? 위기의식을 느껴서 그렇습니다."

특히나 이분처럼 깐깐하게 원칙을 고수하는 사람이 옆에 오면 누구나 자신을 제치고 승진할 가능성이 높기 때문에 위협감을 느끼면서 이처럼 행동하게 됩니다.

이분은 억울하다고 하셨지만, 사실 억울하다고 하면 안 됩니다. 그것은 본인 선택에 대한 자연스러운 결과이기 때문입니다. 오히려

30년 된 분이 억울하다고 느낄 것입니다. 자신은 이 회사에 30년이나 있었는데 까마득히 어린 직원이랑 동격으로 취급받는 게 얼마나 억울하겠습니까? 그 심정을 헤아려볼 필요가 있습니다.

"억울함은 호소할 곳이 있어야 해요."

두 번째는 샌드위치 중간관리자의 어려움입니다. 이 어려움을 호소할 곳이 어디에 있을까요? 아래 직원들은 중간관리자를 이해해주지 않고 윗사람은 정확한 선을 그어주지 않습니다. 많은 직장인들이 아래 직원일 때는 상사가 정확한 가이드라인을 주었으면, 상사가 되면 아래 직원들이 자신을 이해해주었으면, 하고 바랍니다.

사실 아래 직원들에게 정확한 가이드라인을 그어주고 상사를 잘 이해해주는 것이 이분의 강점입니다. 이분처럼 자기 소신대로 정직하게 삶을 사는 분들이 사회에서 그만큼의 가치를 인정받는 사회가 되었으면 좋겠습니다. 그러나 현실은 그렇지 않은 경우가 허다하죠. 이런 분들이 그런 부조리에 지치면 어떤 일이 발생할까요?

부당한 사회에 대해 불평불만만 하는 사람이 될 수 있습니다. 틈만 나면 아랫사람에게 넋두리를 늘어놓는 꼰대(?)가 되는 것이죠. 이런 꼰대가 되지 않기 위해 이분에게 필요한 몇 가지가 있습니다.

첫째, 자신만의 대나무 숲을 마련하세요. 내가 한 말이 소문날까 걱정하지 않고 정기적으로 소통할 수 있는 안전한 대상이 필요하다는 뜻입니다. 임금님 귀가 당나귀 귀처럼 생긴 것을 비밀로 지켜야 했던 사람에게 자신의 마음을 토로할 대나무숲이 필요했듯이 우리 모두에게는 그런 안전한 대상이 필요합니다.

둘째, 유연성, 융통성을 발휘하기 위해 주변 사람들의 의견을 수렴하세요. 셋째, 이를 위해 다른 사람의 이야기를 끝까지 경청하는 능력, 자신의 원칙을 정확히 표현하는 연습을 하세요. 넷째, 평소 자신이 중요하게 여기는 것을 다른 사람들에게 표현하는 연습도 필요해요. 다섯째, 아래 직원들에게 자신의 원칙에 대해 설명해주세요.

엉뚱한 소문들에 대해 기자회견이라도 하고 싶다고 하셨는데요. 업무보고서, 회의록 등 업무에 관한 팩트를 정확히 기록으로 남기는 것, 그것이 바로 기자회견입니다. 그렇다 해도 엉뚱한 소문은 계속 있을 겁니다. 그것을 받아들이는 자세가 중요해요.

"원칙대로 하는 것도 좋지만, 상대방의 다친 마음을 다독여주는 것도 필요해요."

푸른 소나무처럼 나 홀로 청정한 사람들에게 부족한 것이 있어요. 그것은 바로 유연한 대처력과 유머, 부드러움, 남을 인정해주고 감사하기 같은 것입니다. 이분에게 꼭 필요한 덕목이기도 하죠.

또 하나 중요한 것!

이분은 본인에게 나쁘게 대하는 직원에게 감정적으로 대하지 않고 원칙에 맞는다면 좋은 점수를 준다고 하셨는데, 이를 뒤집으면 "아무리 나한테 잘해줘도 원칙에 맞지 않으면 나쁜 점수를 준다"입니다. 그렇더라도 그 잘해준 직원을 따로 불러서 다친 마음을 다독여주는 유연성과 표현력이 있습니까?

일처리를 원칙대로 하는 사람들이 알면 좋은 것 중 하나가, 인간은 원칙대로 해도 억울하다는 사실입니다. 원칙대로 하는 것보다 더 중요한 것이 상대의 억울한 마음을 품어주고 위로할 수 있는 능력인 이유입니다. 인정해주는 말을 해주셨으면 좋겠습니다. 자신에 대해서도, 그 30년 된 분에 대해서도.

직장은 어떤 곳인가요? 중간관리자는 윗자리로 갈수록 외로워집니다. 그리고 일은 일로, 감정은 감정으로 해소할 필요가 있습니다. 감정 해소를 직장에서 할 수 있으면 좋겠지만 사실 그렇지 않은 것이 현실이죠. 그래서 직장에서 힘들었던 것을 표현할 수 있는 창구를 만들 필요가 있어요. 내 편이라고 여길 수 있는 또 다른 돌파구를 만들어보길 추천합니다.

낯선 지역으로 이사해 아는 사람 아무도 없이 직장 생활을 시작했어요. 그런데 회사에서 괴롭힘을 당하거나 마음 상하는 일이 벌어진다면 어떻게 하면 좋을까요? 배우자가 의지가 되면 가장 좋고, 그렇지 않다면 직장 내 뒷담화할 수 있는 동료가 있으면 좋습니다. 특히 내향적인 성격이라면 직장 동료나 선배에게 자기표현을 하기가 쉽지 않습니다.

기분 나쁠 때 감정을 처리하는 나만의 방법을 마련해서 매일 마음에 받은 상처는 그날 풀어주는 게 좋습니다. 직장 내 상담이 제공된다면 그것을 이용하는 것도 좋은 방법입니다.

> **"별일 아닌 이야기에 자꾸 태클 거는 직장 선배…**
> **말도 섞기 싫고 회사를 그만두는 게 답일까요?"**
>
> # 기분 나쁜 일을 피할 수 있나요?
> # 내 편 돼줄 사람을 여럿 만드세요

결혼 후 낯선 곳으로 이사해 직장에 들어간 여성인데 직장 선배로부터 심한 말을 듣고 참아온 지 3년째라고 합니다. 이제는 그분과 말도 섞기 싫을 정도로 회사 가기가 싫다고 합니다.

직장 생활을 하다 보면 자신을 힘들게 하는 사람이 꼭 있어요. 상대방이 의식해서 그럴 수도 있지만 무심코 한 말이나 행동 때문에 상처받는 경우도 많죠. 그것은 직장을 옮긴다고 해결될 문제가 아니고, 기분 나쁜 감정을 처리하는 방법을 미리 마련해두는 게 좋습니다. 주변에 감정을 터놓고 지낼 친구들이 많다면 비교적 괜찮은데 그렇지 않은 경우 마음의 상처가 우울증으로 번지기도 해요.

결혼 후 낯선 곳으로 이사한 데다가 그곳에서 직장도 새롭게 구한 한 직장인이 있었습니다. 30대 후반의 여자였는데 낯선 지역에서 새롭게 얻은 직장 선배 때문에 스트레스가 많다고 하소연하더군요.

"저보다 일곱 살 많은 직장 선배 때문에 너무 힘들어요. 이 회사에 처음 들어왔을 때 그분이 저한테 먼저 다가와서는 이런 저런 이야기를 많이 해주셨어요. 솔직히 제가 회사에 적응하는 데 그분이 어느 정도 도움이 되어주셨죠. 그런데 조금 친해졌다고 어느 때부턴가 말씀을 막 하시는 거예요. 농담이라고 하기엔 너무 기분 나쁜 말도 많이 들었어요. 중요하지도 않은 이야기에 '태클'을 걸 때가 너무 많고요. 한 번은 그분이 뭔가를 빌려달라고 해서 빌려주었는데, 제가 그것을 빌려줘서 이상한 일이 생긴다고 자꾸만 저한테 뭐라 하는 거예요.

그 사람은 아무 생각 없이 하는 말 같은데 제가 너무 예민하게 반응하는 걸까요? 함께 일한 지 3년쯤 되어가는데 말을 할 때마다 저만 상처받는 것 같아서 점점 일하기도 싫고 말도 섞기가 싫어요. 그 사람은 그냥 한 말인데 저만 힘들고 버거운 것일까요? 제가 그만두면 해결되는 일인 것 같아서 속상해요. 제가 어떻게 하면 예민하게 반응하지 않고 마음에 상처받지 않을 수 있을까요?"

"무엇보다 이야기를 들어주고 마음으로 함께 싸워줄 사람이 필요합니다."

"혹시 싸울 일 있으면 연락하세요. 같이 싸워드릴게요. 저 싸움 잘해요." 제가 내담자들에게 종종 하는 말인데 이분에게도 이 말이 필요할 것 같습니다. 직장에서 연장자가 심한 말을 할 때마다 안 그래도 의지할 데 없는 낯선 곳에서 마음 둘 곳 없이 얼마나 외로웠을지 3년간의 시간이 그려져 마음이 아팠습니다.

직장 안에서 친밀한 관계를 맺기란 사실 쉽지 않아요. 남편과 정서적인 소통이 잘 이루어질 수 있다면 더 없이 좋겠지만, 그렇다 해도 남편 한 사람만으로는 정서적인 공감의 탱크를 채우기는 어렵습니다. 그래서 우리에게는 사랑도 필요하고 우정도 필요한 거예요. 자신을 지지해줄 정서적 지원 그룹들과의 관계가 소원해졌다면 기존의 관계부터 회복하는 게 좋습니다. 자주 만나기 어렵다면 전화통화라도 자주 하세요. 마음을 터놓고 이야기했을 때 내 마음을 있는 그대로 받아줄 수 있는 사람이 없다면 상담을 받아서라도 그런 관계 맺기 연습을 하시는 게 좋습니다.

특히 성격 특성이 내향의 분들이 일명 '뒷담화' 하는 것을 꺼리는 경향이 있는데 내 마음을 풀 목적으로 뒷담화를 하시면 됩니다.

"내 맘이 풀리는 뒷담화는 따로 있습니다. '그 사람'이 아니라 '내'가 주어가 되는 뒷담화여야 합니다."

일반적인 뒷담화 구조는 이렇습니다. 뒷담화 대상이 한 행동을 일일이 열거하면서 "그 사람 말이야. 예전에도 그랬고 오늘도 그랬어. 그러니까 앞으로도 이럴 거야. 그니까 그 사람은 또라이야"라고 결론을 짓습니다. 그런데 그러고 나면 이상하게 기분이 더 나빠집니다. 다들 모여서 한 사람 흉을 실컷 보면 이야기할 때 잠깐은 재미있고 후련해도 집에 돌아와 곰곰이 생각하면 마음이 안 좋고 더 화가 납니다. 왜 그럴까요?

뒷담화를 할 때 '그 사람'이 주인공이 되어서 그렇습니다. 그 사람의 만행들을 열거하면서 그 사람을 이야기의 주인공으로 만들면 나는 사라져요. 내가 어떤 이야기를 꺼냈을 때 누군가 "나도 그런 적 있어!"라면서 자기 이야기로 시점을 돌려버리면 기분이 나빠지는 것과 같은 이유입니다.

우리가 뒷담화를 하는 이유와 목적은 내 마음을 풀기 위해서이고 내가 내 삶의 주도권을 가지고 있다는 느낌을 회복하기 위해서입니다. 우리가 누군가에게 내 이야기를 하는 이유는 뭡니까? 상대방이 내 이야기, 이야기 속의 나 자신, 거기에 직·간접적으로 표현되는 내 마음과 소망을 들어주고 알아주고 공감해주기를 바라기 때문이거든요(그런 걸 알아주는 직업이 상담사입니다).

그럼 내 마음이 풀리는 뒷담화는 어떻게 하는 걸까요?

일단, '그 사람' 이야기는 조금만 합니다. "그 사람이 오늘 그랬어"라고 한마디만 하고 "그 사람이 그랬을 때 나는 이런 영향을 받았어"라고 '내 이야기'로 시점을 돌리세요. "그때 나는 이런 마음이 들었어. 나는 이것 저것을 원했는데 그게 잘 되지 않더라"라고 말하세요. 주어가 전적으로 '나'라는 게 핵심입니다.

뒷담화는 그 사람의 말과 행동이 내게 어떤 영향을 끼치는지, 그때 내 마음이 어떻고 나는 무엇을 바라고 있었는지를 인식하고 표현하는 수준이 되어야 합니다. 제가 상담시간에 하는 이야기도 일종의 그런 '뒷담화'입니다. 제가 내담자분들에게 관심을 기울이며 공감하는 것은 그들이 이야기하는 상황이나 특정인에 대한 것이 아니라 그런 상황 속에서 내담자가 느꼈을 마음 상태입니다. 그러면 그분들은 아무도 자신에게 "그럴 때 넌 어땠니?"라고 묻지 않았다며 눈물을 흘리곤 합니다.

직장에서 상사와의 어려움을 개인적으로 처리하려고 굳이 애쓸 이유가 없습니다. 요즘은 직장 내 괴롭힘 예방에 대한 법률이 제정되어 직장생활의 업무 환경을 악화시키는 말과 행동이 6개월 이상 지속되었을 때 피해자를 보호하면서도 업무 환경을 개선시키는 방향으로 조치하도록 제도가 조금씩 마련되고 있기 때문입니다. 이분은 마음의 어려움을 적극적으로 해결하는 동시에 조직 문화 개편을 위해서도 적절한 자기표현을 해보시는 것이 어떨까 응원합니다.

사람들과 대화하는 것이 편치 않아서 톡으로 할 말만 하는 사람들이 있습니다. 이런 분들은 사람을 직접 만나는 것도 꺼려진다고 해요. 이는 내향의 사람들의 특징인데요. 그것은 어떤 문제라기보다는 성격적 특성에서 비롯되는 자연스러운 현상입니다. 내향의 사람들은 관계를 맺기가 쉽지 않은 대신 깊이 있는 관계는 훨씬 더 잘 맺습니다. 본인이 무엇을 선택하느냐의 문제입니다. 지금처럼 살아도 괜찮지만, 좀 더 친밀한 인간관계를 맺고 싶다면 노력이 필요합니다.

"전화 통화보다 문자가 편하고
사람 잘 안 만나는 저… 문제일까요?"

"전화냐 문자냐" 음…
그것보다 마음 터놓고 이야기할
사람은 있나요?

가족 외에는 아무리 가까워도 전화 통화나 만나는 것이 불편해서 문자와 톡으로만 소통한다는 분의 이야기인데요. 심지어 시어머니에게도 톡으로만 이야기한다고 합니다. 본인은 지금 이대로가 편하기는 하지만, 다른 사람들과 비교하면 자신이 과연 잘 살고 있는 건지 불안하다고 합니다.

Q_

저는 40대 후반이고 아이 둘을 둔 주부입니다. 남편과 아이들과는 특별한 문제가 없고 주변 사람들과도 갈등 없이 잘 지내는 편입니다. 문제는 제가 가족을 제외하고는 아무리 친한 사이여도 전화 통화가 불편하고 만나는 것도 점점 꺼려진다는 것입니다. 요즘은 필요한 이야기만 톡으로 이야기하고 있어요. 시어머니가 "넌 왜 전화를 안 하냐?"고 해도 끝까지 톡으로 보내는 정도예요.

성인이 되면서 그랬던 것 같아요. 새로운 사람을 사귀는 것이 불편하고 두렵기까지 하더라고요. 마음 맞는 사람 만나기가 여간 어려운 게 아니고, 자칫 마음 맞지 않는 사람을 만나 쓸데없이 감정 소비하는 것도 귀찮고, 시간 낭비 같고… 상처받기 싫어서 사람들도 잘 안 만나고 삽니다. 20대 때부터 그래서 따로 만나는 친구가 별로 없어요. 가족들하고만 소통하는 편이죠. '나한테 문제가 있나?'라고 가끔 의문이 들긴 해요.

근데 누군가 그러더라고요. 인간관계를 어렵게 생각하는 사람들이 톡이나 문자로 이야기하는 것을 좋아한다고. 그런 사람들은 전화 통화하는 것을 부담스러워하고, 직접 만나는 것은 더욱 부담스러워 한다고요. 딱 제 이야기인데…. 전화 통화나 만남을 통해서 얻는 것은 문자로 얻는 것과는 깊이 자체가 다르다고 들었어요. 그 사람 말로는 인간관계는 선택이 아닌 필수라는데 정말 저한테 문제가 있는 것인지 괜스레 걱정이 됩니다.

지금 이대로가 편하기도 하지만, 가끔은 외롭고 공허할 때도 있어요. 다른 분들은 사람들이랑 많이 소통하면서 사는데 저만 이렇게 사는 걸까요?

A_

"'문제가 있느냐?'라고 질문하면 문제가 있는 것은 아녜요. 그냥 자연스러운 겁니다."

소통할 때 편안한 방식이 사람마다 다 다른 것은 자연스러운 현상입니다. 성격 특징에 따라서 어떤 사람은 전화 통화가 편하고, 어떤 사람은 문자가 편하고, 어떤 사람은 직접 얼굴을 보고 만나서 이야기하는 것이 편합니다. 문제는 무엇이 정상이냐 비정상이냐가 아니라, 어떤 소통 방식이 편하건 간에 친밀한 인간관계를 통해 정서적 안정감을 누리고 있느냐 하는 것입니다. 소통의 양보다 소통의 질이 중요한 이유입니다.

여러분은 어떻습니까? 마음을 터놓고 정서를 나누고 자신의 바람과 걱정, 관심사들을 어떤 방식으로든 나눌 수 있는 대상이 존재하나요? 중요한 것은 바로 그것입니다. 소통의 방식이 아니라 소통의 깊이가 중요하고, 깊은 소통을 나누는 빈도가 중요합니다.

내향의 사람들은 보통 혼자가 편하다고 합니다. 하지만 깊이 있는 관계는 내향의 사람들이 외향의 사람들보다 훨씬 잘 맺습니다. 중요한 것은 전화냐 문자냐 카톡이냐가 아니라 소통의 내용이기 때문입니다. 물론 내향의 사람들이 깊이 있는 관계를 그냥 막 쉽게 맺는 것은 아니에요. 그 과정에서 발생할 상처를 허용하고 싶지 않기 때문에 그렇죠.

친해질 때 나누는 말의 깊이를 생각해보세요. 사람이 친해지려면 원초적인 감정이 나눠져야 해요. 원초적인 감정을 톡이나 문자, 전화로는 나누기가 어렵습니다. 만나서 일상을 공유해야 합니다. 자주 만나서 함께 밥 먹고 일상적인 가십을 이야기해야 합니다. 가볍게 날씨 이야기, 관심사와 좋아하는 것을 이야기하다 보면, 어느새 자신의 걱정과 두려움, 미래의 꿈 같은 깊이 있는 대화도 나누게 됩니다. 그럴 상대를 찾는 것은 계속된 노력이 필요한데 정서적이고 내향적인 분들은 그런 과정에서 상처받는 것을 매우 꺼립니다. 이는 유난스러운 것이 아니라, 자기 보호적인 자연스러운 행동이에요.

"선택하세요. 지금처럼 살면서 좀 더 친밀한 관계를 맺고 싶으세요?"

이분의 문제는 선택의 문제입니다!

지금처럼 살아도 괜찮습니다. 그런데도 이분이 좀 더 깊은 친밀한 인간관계를 맺고 싶다면, 무엇보다 언제든 돌아와 울 수 있는 등대 같은 존재가 있어야 해요. 안전망이 되어줄 대상을 먼저 마련하라는 이야기입니다. 없다면 상담자를 만드는 것도 방법입니다. 상담자도 자신의 취향에 맞는 분을 만나야 하므로, 이 사람 저 사람 다양하게 만나보세요. 관계에서 마음이 어려울 때 이것을 하소연할 사람이 있어야 다시 힘이 나서 다른 사람을 만날 용기가 생깁니다.

이분께는 특히 안전한 공동체를 추천합니다. 취미를 공유하는 집단이 좋은데, 우선은 독서 모임이나 자원봉사 모임을 추천합니다.

왜냐하면 내향의 분들은 재미보다는 의미를 추구하기 때문입니다. 이런 분들은 깊이 있는 대화와 의미 있는 활동에서 재미를 느낍니다. 삶의 의미를 추구하는 취미 집단에서 공동체 생활을 시작하는 게 이분에게는 도움이 될 것입니다.

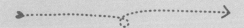

직장 내 성추행 피해자는 외상 후 스트레스 장애를 겪을 수 있습니다. 우울증에 게임 중독까지 있는 본문의 여성처럼요. 충격적인 사건을 당하고 우울증에 빠졌을 때 가장 필요한 것은 희망입니다. 다시 삶을 즐겁고 재미있게 기분 좋은 감정을 느끼며 살아갈 수 있다는 희망.

'대체 왜 나한테 이런 일이?'라는 생각에서 속히 빠져나와 내가 받은 상처(부정적인 영향)를 처리하는 것이 중요합니다. 가해자가 누구건 간에 고통스러운 감정을 처리할 책임은 나 자신에게 있습니다. 힘들겠지만 이 사실을 받아들여야 해요.

"전 왜 사는 걸까요? 내일이 안 왔으면 좋겠어요."

외상 후 스트레스장애인 것 같아요.
고통스러운 감정을 처리하는 게
급선무예요

산후 우울증을 겪다가 좋은 기회를 잡고 원하는 회사에 취직해서 희망에 부풀어 올랐는데, 사내 상사에게서 성추행을 당했습니다. 그 일로 퇴사했고 그 충격으로 대인기피증이 생겨 게임 중독에 빠져있는 여성분의 이야기입니다.

Q_

스물아홉에 아이를 출산하면서 직장을 그만두었어요. 근데 내 아이인데도 예쁘지 않고 사람 만나는 일도 집안일도 만사가 귀찮더라고요. 2년 넘게 집 밖으로 잘 안 나갔어요. 주변에서 산후 우울증이라고 하더라고요.

아이가 네 살쯤, 친구 소개로 광고 회사에 취직하게 되었어요. 출산 전에 웹디자인을 했었는데 경력을 인정받아 비교적 좋은 조건에 입사할 수 있었죠. 그러면서 뭔가 좀 나아진다는 느낌이 들었습니다. 그렇게 제 삶에도 희망이 생기는 줄 알았어요. 그런데 회사 상사로부터 성추행을 당했어요. 용기 내어 주변 동료들과 사장님께 이야기했지만, 다들 나 몰라라 하고 저는 퇴사했어요. 성추행한 그 상사는 아직도 거기서 일합니다.

그 후로 4개월이 지나가는 지금까지 저는 제대로 잠을 자본 적이 없어요. 요즘은 숨 쉴 때마다 턱턱 막혀요. 숨을 크게 들이쉬었다 뱉으면 3초를 못 견딜 정도예요. 대인기피증이 생겼는지 사람만 봐도 숨이 찹니다. 지나가는 사람들도 저만 보는 것 같아서 밝은 대낮에는 길을 다닐 수 없어요. 그리고 미친 듯이 컴퓨터 게임만 합니다. 거기선 저를 모르는 사람들뿐이니 게임 속 세계가 너무 편합니다.

집안일은 너무나 귀찮아서 방치 상태예요. 청소 좀 해야지 하면서도 의욕이 안 생겨요. 사람도 만나야지 하면서도 귀찮고 또 집 밖을 나서기도 무섭습니다. 목구멍으로 밥도 잘 안 넘어가고 그나마 술 마시면서 버티고 있어요. 이렇게 서서히 죽어가나 싶어요. 아이랑 남편도 귀찮고 그냥 하루 종일 게임만 하고 싶습니다.

전 왜 사는 걸까요? 요즘엔 목숨만 붙어있는 제 몸뚱이가 버겁게 느껴져요. 아무것도 안 하는데 지치고 힘들고 우울해요. 전 이제 어쩌죠? 내일이 안 왔으면 좋겠어요.

A_

"외상 후 스트레스 장애를 겪고 계신 것으로 보입니다. 조속히 심리치료를 받으실 필요가 있습니다."

여기서 핵심은 두 가지. 충격적인 사건이 나 혹은 내 주변사람들에게 일어났을 때 어떻게 대처할 것인가? 내 고통스러운 감정을 어떻게 처리할 것인가? 입니다.

충격적인 일이 생기면 사람들은 그 사건을 처리하기에 급급하게 됩니다. 이때 좋지 않은 일반적인 반응들은 다음과 같아요. 나 자신과 주변 사람들의 반응이 모두 중요한데 두 경우 모두 이런 반응을 할 때가 많아요.

- 상대를 처벌하기
- 좋게 좋게 넘어가기
- 그 상황으로부터 떠나기
- '내가 그래서'라고 자책하기

충격적인 사건을 겪으신 이분에게 가장 중요한 것은 그 사건으로부터 받은 영향을 잘 처리하는 것입니다. 고통스러운 감정들을 어떻게 처리해야 하는가에 초점을 맞춰야 합니다. 그러나 내 의지와 상관없이 혹은 의도적으로 나타나는 반응들이 있어요.

첫째, 사건 직후 한 달 이내에 고통을 경험하는 것을 급성스트레스 장애라 하고, 그 후 3개월이 지난 후에도 이상 징후들이 나타나는 것을 외상 후 스트레스 장애(PTSD)라고 해요. 이때 감정을 느끼는 것이 고통스럽기 때문에 이를 회피하게 되죠. 이분은 게임과 술로 회피하고 있어요. 둘째, 원망과 분노, 책임 전가를 하게 됩니다. 이분 같은 경우 '성추행 사건 때문에 나는 망했다'고 생각하는 것입니다. 그러면서 '그 사건이 왜 일어났을까?'를 끊임없이 분석해요. "대체 왜? 나한테 그런 일이"라면서요.

넷째, 침투적인 사고에 빠져듭니다. 재현(flashback)현상이라고도 하는데요. 원하지 않아도 계속해서 머릿속에서 같은 장면이 재현되는 거예요. 이분 같은 경우 성추행 장면이 계속 떠오를 수 있어요.

다섯째, 회피적인 태도를 취합니다. 성추행 사건과 가해자와 자신의 일상에서 철수해버리는 거예요. 그래서 이분처럼 집안일이든 뭐든 만사가 귀찮은 거예요. 여섯째, 인지와 감정이 부정적으로 변합니다. 이때 대표적인 표현이 "왜 사는지 모르겠어요" "게임만 하고 싶어요" "시간이 잘 가요" 입니다. 이런 말들은 모두 '나는 죽고 싶을 만큼 고통스럽고 힘이 들어요. 화가 나요'라는 뜻입니다. 끝으로, 극도로 예민해지거나 반대로 둔감해져버립니다. 감정은 없고 사고만 남아서 그 생각들로 인해 피곤해지는 것이죠. 이분은 "하는 일 없는데 피곤하다"고 하지만 에너지가 아주 많이 소모되고 있어서 그래요.

"사건 처리는 선택할 수 있지만, 사건에 영향받은 마음의 처리는 선택이 아니라 필수예요."

사건 처리도 중요하지만 내가 받은 부정적인 영향을 처리하는 것이 더 중요해요. 사건을 유발한 행동의 책임은 행동을 한 당사자에게 있지만, 그 사건으로 인해 발생한 고통스러운 감정을 처리할 책임은 나 자신에게 있습니다. 그것을 받아들여야 해요. 그리고 그것은 혼자 하기보다는 전문가에게 상담과 심리치료를 받으시는 게 좋아요. 정신과에 가서 진단받고 약을 복용하는 것도 좋고 꼭 심리치료를 병행해서 마음이 건강해지고 기분 좋은 감정이 들 수 있게 회복되길 바랍니다.

사건 처리에도 산재, 법정 싸움… 이런 것들은 힘들고 외로운 싸움이기 때문에 대부분 그냥 포기합니다. 그러면서 무력감만 더욱 커지죠. 그런 처리는 어떻게 할지 말지 본인이 선택할 수 있지만, 마음에 대한 처리는 포기하시면 안 돼요.

심리치료 과정에서 애도라는 게 있어요. 자기 혼자 직면하기 힘든 고통스러운 감정을 상담자와 내담자가 함께 느끼고 괜찮은 경험을 함으로써 떠나보내는 거예요.

에너지가 많고 똑똑한 분들이 흔히 빠지는 것이 주지화 방어기제인데요. 감정을 이성으로 통제하고 억누르는 방어기제죠. 쉬운 비유로 '여우와 신포도' 이야기가 있는데, 여우가 발이 닿지 않아 포도를 따기 어렵다는 현실을 부정하고 "저 포도는 너무 시어서 맛이 없을 거야"라며 신포도라서 따 먹을 가치가 없다고 하는 식이에요. 그런 식의 방어기제를 사용하게 되면 억눌린 감정이 차올라 신체적인 증상으로 나타나기도 합니다. 이분이 숨을 쉴 수 없다고 하셨는데 그래서 그래요.

심리치료 받으면서 지나간 일을 다시 떠올리면 또다시 고통스러운 감정이 밀려오는데, 차라리 그냥 덮고 잊고 사는 게 낫지 않느냐라는 사람들이 종종 있어요. 그러나 그런 고통스러운 감정이 제대로 처리되지 않으면 치료 때만 힘든 것이 아니라 일상의 모든 순간에 고통의 영향을 받습니다. 하루 24시간 1년 365일을 그 고통 속에서 살아갈 수 있어요. 심리치료도 몸을 수술할 때처럼 마취가 풀리면 상처가 아무는 동안에 통증이 수반됩니다. 그러나 진통제 맞으면서 회복의 시간을 보내는 동안 몸의 상처가 아물듯 마음의 고통 또한 함께하는 사람, 함께하는 전문가들과 은유적으로 처리하는 동안 깨끗이 치료될 수 있습니다. 부디 용기를 내어보시면 좋을 것 같습니다.

"하루 15분만 투자하세요. 공감을 주고받으면서 회복 속도가 빨라질 거예요."

이분뿐만 아니라 모든 분들에게 오늘 하루를 이렇게 정리해보는 것을 추천해요.

(1) 오늘 내가 느낀 부정적인 감정, 좌절된 욕구는 무엇인가?

(2) 오늘 내가 느낀 긍정적인 감정, 충족된 욕구는 무엇인가?

(3) 좌절된 욕구를 충족하기 위해 내가 할 수 있는 일은 무엇이고, 상대에게 부탁할 것은 무엇인가?

이 답들을 글로 쓰거나 다른 사람과 말로(하루 15분 정도) 매일 하면 일어나는 일은 다음과 같아요.

(1) 공감을 주고받을 수 있게 돼요.

(2) 자신에 대한 감정과 욕구에 대한 자각 능력이 높아져요.

(3) 부정적인 정서에서 회복되는 속도가 빨라져요. 다른 말로, 회복탄력성이 높아지죠.

(4) 문제는 해결되지 않을 수 있으나 문제를 해결할 힘이 생겨요.

(5) 함께 이야기를 나누는 사람 사이에 연결, 유대, 우정, 친밀감, 사랑, 신뢰가 더 돈독해져요.

영화 '킹스 스피치'에 이런 장면이 나옵니다. 사람들 앞에만 서면 말을 더듬는 콤플렉스가 있는 왕자 버티가 아내의 소개로 언어치료사인 라이오넬 로그를 만나러 갑니다. 첫 만남에서 수평적 관계를 만들려는 로그와 "그럴 거면 내가 치료받으러 올 필요도 없었습니다"라며 맞서는 버티. 어떻게든 신뢰를 주려는 로그의 의도와는 달리 "이 치료법은 나하고는 맞지 않는 것 같아요"라며 버티는 결국 떠나버립니다. 떠나는 버티를 배웅하고 문을 닫고 서서 로그는 자기 자신에게 이렇게 말합니다. "한심하긴….."

상담과 치료가 이루어지기 위한 여러 장치 중에서 수평적 관계를 만들고 소위 '라포'라는 신뢰 관계를 구축하기 위해 어느 정도는 과장된 자신감과 태도로 자신의 주장을 펼쳤던 로그는 그런 자신을 영 못마땅한 표정으로 바라보며 치료에 회의적이었던 버티를 안타까워합니다. 자신이 좀 더 잘 했더라면 버티가 포기하지 않고 치료를 지속했을지도 모른다는 안타까운 심정을 자책의 말로 합니다. 한심하다고.

저에게도 그런 날이 많았습니다. '아 저 부부가 계속 상담받으러 와야 하는데. 그 말을 할걸 그랬나? 이 말은 괜히 했나?' 상담을 받으러 오기도 쉽지 않지만 첫 만남에서 치료의 지속 여부를 대부분 마음으로 결정하기 때문에 첫 상담에서 변화가 있으리라는 신뢰를 주는 것이 상담사 입장에서는 너무나도 필요합니다. 특히나 치료가 절실히 필요해 보이는 분들이 조금만 도움을 받으면 지금보다 훨씬 건강하고 행복한 삶을 살게 뻔히 보이는데도 치료에 회의적인 태도를 보이며 안타깝게도 한 번의 만남 이후로 연락하지 않을 것 같으면, 저도 영화 속 로그처럼 스스로를 한심하다 여깁니다. 그게 학위이든 유명세이든 크고 세련된 상담센터 건물이든 '내게 신뢰를 줄 수 있는 더 강력한 무기가 필요했을까?' 하고 생각하면서 말이지요.

이 책은 오랫동안 상담을 해오며 제가 느꼈던 많은 아쉬움들을 모아 만들었습니다. 그동안 저를 만나 상담을 진행했던 분들은 대부분 훨씬 건강하고 행복한 삶으로 나아갔지만, 제게 그럴 기회조차 주지 않고 그냥 스쳐만 갔던 분들도 있습니다. 제 마음 한구석에는 그분들에 대한 부채감이 늘 있었습니다. 이 책을 통해 제가 부족해서, 혹은 다양한 이유로 저를 스쳐가기만 했던 그분들에게 늦었지만 글로나마 위로를 전하며 치유를 기원합니다.

거기에는 사실 나 자신도 포함됩니다. 나는 상담실에서, 혹은 방송에서 모든 것을 이루고 다 성장한 듯 상담을 하고 방송을 진행하지만, 그분들과 별반 다르지 않은 저 자신을 만나고 집으로 돌아갈 때가 아주 많습니다. 방송에서도 몇 번 이야기했는데, 저는 두 아들을 키우며 정말 죽고 싶고 죽이고도 싶을 만큼 힘들었습니다. 저희 아이들이 공부를 잘하는지 궁금해하시는 분들도 계시는데, 가끔 제가 농담 삼아 아이들에게 이런 말을 합니다. "너희가 하버드 정도 가

쥐야 엄마가 부모교육 강사로 뜰 텐데. 다행히 적당히 사고도 쳐주고 사춘기답게 보내줘서 사실 내가 고맙다."

자신이 경험하고 그 속에서 온전히 배운 것들을 일차적으로 자신의 삶에 적용하기는 정말이지 쉽지 않습니다. 그래서 저는 내담자분들에게 그렇게 혹독하게 자신을 몰아붙이지 말라고 당부합니다. 여러분도 여러분 자신을 조금 따뜻한 시선으로 바라봐주시면 어때요?

나그네의 외투를 벗게 한 건 강한 바람보다는 따뜻한 햇볕이라는 이솝우화가 있습니다. 저는 상담을 공부하기 이전부터 그 이야기를 좋아했습니다. 치료의 과정에서 그냥 온전히 내어놓기만 해도 절반은 성공한다는 사실을 기억하세요. 그리고 그 아픔들을 따뜻한 시선으로 바라봐주고, 가끔은 시원한 그늘에서 쉬게 해주면 좋겠지요.

제게 많은 아픔을 허락했던 내 삶에 감사하고, 또 저에게 자신의 아픔을 고스란히 내어주신 많은 분들에게 더 큰 감사의 마음을 전합니다. 이 책이 다른 분들께도 부족하나마 도움이 되길 바랍니다.

끝으로 이 책이 나오기까지 정말 많은 분들의 도움과 응원이 있었습니다. 먼저 이 책이 나올 수 있도록 기획하고 글을 다듬어주신 오경희 부장님께 감사드립니다. 제가 맥락을 잃어갈 때 뭔가 막연하게 아닌 것 같다는 느낌이 드는 부분들을 쏙쏙 찰떡같이 다듬어주셔서 사람들에게 쉽고 재미있게 읽힐 수 있도록 도와주셔서 감사합니다. 제목 선정에서부터 출판 과정 내내 애써주신 출판사 관계자분들께도 깊은 감사를 드립니다. 부족한 제게 힘내라고 추천의 글을 써주신 분들께도 일일이 찾아뵙고 감사드리고 싶습니다. 출판 과정에서 다소 자신감이 떨어졌을 때 여러분들의 응원의 말들은 정말이지 큰 힘이 되었습니다. 특히 머나먼 타국 아프리카 콩고에서 사람들을 위해 건물을 지으며 바쁜 시간 쪼개어 흔쾌히 추천의 글 써준 원철 오빠 고마워.

마지막으로 상담실에서 프로그램에서 그리고 방송에서 제게 자신의 내밀한 속살을 내보이며 함께 웃고 함께 울며 삶의 많은 의미들을 발견할 수 있도록 길을 보여주셨던 내담자, 참여자분들에게 감사드립니다. 저로 하여금 한 사람의 온전한 인간으로 성장하고 성숙할 수 있도록 도와준 사랑하는 두 아들 병현이 병하에게 그리고 이제는 사랑의 마음이 느껴지는 어머니에게, 삶으로 저에게 성실함을 가르쳐주신 지금은 하늘에 계신 존경하고 보고 싶은 아버지에게 조금쯤 철이 든 윤정이가 이 책을 바칩니다.